미국
영어 문법
회화
1

미국 영어 회화 문법 1

지은이 김아영
초판 1쇄 발행 2019년 2월 25일
초판 18쇄 발행 2024년 1월 12일

발행인 박효상 **편집장** 김현 **기획·편집** 장경희, 김효정, 권순범 **디자인** 임정현
마케팅 이태호, 이전희 **관리** 김태옥

기획·진행 김현 **디자인** 싱타디자인 고희선

종이 월드페이퍼 **인쇄·제본** 예림인쇄·바인딩

출판등록 제10-1835호 **발행처** 사람in **주소** 121-839 서울시 마포구 양화로 11길 14-10 (서교동) 3F
전화 02) 338-3555(代) **팩스** 02) 338-3545 **E-mail** saramin@netsgo.com
Website www.saramin.com

책값은 뒤표지에 있습니다.
파본은 바꾸어 드립니다.

ⓒ 김아영 2019

ISBN
978-89-6049-749-8 14740
978-89-6049-748-1 (세트)

우아한 지적만보, 기민한 실사구시 사람in

GRAMMAR
IN CONTEXT

미국 영어 회화 문법

1 명사 관련 활용

김아영 지음

사람in

Prologue 프롤로그

한국 학생들은 과연 문법에 강할까?

문법 공부를 어떻게 해야 하는지 물어보는 학생들에게 필자는 항상 문법 공부를 왜 하는지를 되묻는다. 안타깝게도 쉬운 것 같으면서도 원론적인 이 질문에 명쾌한 대답을 할 수 있는 학생들은 거의 없었다. 이 학생들이 이러한 질문에 대답을 못하는 것은 어쩌면 당연한 일인지도 모르겠다. 영문법을 왜 공부해야 하는지 그 이유를 알게 된다면 공부 방법에 관한 해답은 이미 나오게 되니 말이다.

초, 중, 고교를 거치면서 각종 영문법책 시리즈로 문법에 목을 매는 영어 교육을 받은 대부분의 대한민국 대학생들은 필자가 일하는 미국 플로리다주립대학의 어학연수원에서 영문법 수업 레벨을 정하는 간단한 테스트 후, 8단계 레벨 중 레벨3 이상의 점수를 얻지 못한다. 그러고는 학기가 시작된 후 예외 없이 문법 수업 내용이 너무 쉽다고 불평을 한다. 또 미국에 오면 좀 더 고급 문법을 배우게 될 줄 알았는데 한국에서 이미 다 배운 내용을 왜 반복해야 하느냐고 반문한다. 어떤 한국 학생들은 자신들이 문법에 강하다는 주장을 펼치면서 이곳의 미국인 강사들과 영문법 지식을 놓고 설전을 벌이기도 한다. 미국인 강사보다 자신들이 영문법에 대해 더 많이 알고 있다는 이들의 주장은 과연 맞는 것일까, 틀린 것일까?

필자는 이 질문에 맞기도 하고 틀리기도 하다는 애매모호한 답변을 해야겠다. 좀 더 명확히 말하자면, 문법 또는 문법 교육을 바라보는 시각의 차이에 따라 그 대답은 충분히 달라질 수 있다고 할 수 있겠다. 한국의 교육제도 하에서 영문법은 배우고 이해하고 외워야 할 '지식'으로 인식되고 있으며, 이로 인해 학생들은 교실 안팎에서 영문법을 공식화해서 끊임없이 외우고 공부한다. 그 결과 많은 한국 학생들은, 대부분의 네이티브 스피커들 뺨치는 해박한 영문법 지식을 갖게 된다. 이러한 관점에서 보자면 '한국 학생들은 문법에 강하다'라는 명제가 성립될 수도 있겠다. 반면, 영어를 모국어로 하는 미국인들이 하는 영어 교육에서는 문법이란 공부해서 이해하고 외워야 할 지식이라기보다는 습득(Acquisition)해서 체화해야 하는 언어의 한 측면으로 인식되고 있다. 그 결과, 이들은 학생들에게 문법 내용을 가르치는 것(Teaching)을 최소화하고, 그보다는 그러한 문법 사항을 포함한 문장을 학생들이 알맞은 상황 속에서 끊임없이 사용하고 연습하게 하여 입과 몸에 배도록 하는 교육 방식을 채택하고 있다. 그것은 학생들이 정확한 문법을 자신들이 만들어 내는 문장 안에서 자연스럽게 구사할 수 있도록 하려는 것이 이곳 문법 교육의 방향이고 목표이기 때문이다. 현재 미국의 영문법 수업 시간에 강사들이 압도적으로 많이 쓰는 표현이 "Grammar-in-Use"(올바른 문법의 사용)와 "Grammar-in-Context"(문맥에 따른 올바른 문법의 사용)인 것도 바로 이 같은 맥락에서다. 이러한 교육 방향을 가진 이곳에서는 학생들의 문법 실력을 가늠하는 척도로 빈칸 채우기식의 사지선다형을 택하지 않고, 해당 학생의 Speaking과 Writing Sample을 채취해서 문법을 정확히 사용하는지 여부를 분석하는 게 당연한 일일 것이다. 이는

iBT TOEFL에도 잘 반영되어 있어서, TOEFL에서 문법 섹션을 찾아볼 수 없게 된지는 이미 꽤 되었다. 대신, TOEFL을 주관하는 ETS에서는 TOEFL의 Speaking과 Writing 섹션을 채점할 때, 해당 학생의 문법 사용(Grammar-in-Use)을 꼼꼼하게 체크하여 최종 점수에 반영한다.

이제 똑똑하신 독자님들께서는 대부분의 한국 대학생들이 미국 대학에서 운영하는 어학연수원의 간단한 문법 Test에서 왜 Level 3 이상의 배정을 받지 못하는지 그 이유를 눈치 채셨을 것이다. 이곳에서는 학생들의 문법 실력을 빈칸 채우기나 객관식 시험이 아닌, 그들의 Speaking과 Writing Sample로 평가하기 때문이다. 즉, 한국 학생들의 문법 지식이 빈약해서가 아니라, 그들이 구사해내는 문장 속 문법(Grammar-in-Use)이 엉망이기 때문에 초중급 문법 레벨에 해당하는 수업에 배치될 수 밖에 없는 것이다. 쉽게 말하자면, 온갖 완료시제, 직간접화법, 각종 가정법 등을 꿰뚫고 있는 그들이 문장에서 3인칭 단수 현재동사에 -s나 -es를 붙이는 등의 아주 기초적인 동사 활용조차 지키지 못하고 있다면, 기초적인 문법 사용(Grammar-in-use)에 집중해야 하는 수업에 배정받을 수 밖에 없다. 이 경우, 단순현재 시제에서 3인칭 동사 변화를 어떻게 하는지 알고 있는 것은 아무런 의미가 없다. 미국 교실에서 문법 실력이 뛰어나다고 하는 것은, 해당 학생이 실제 상황에서 입으로 만들어내는 문장에서의 문법, 즉 "Grammar-in-Use"와 "Grammar-in-Context"가 뛰어남을 말하는 것이지 한국말로 문법 지식을 논해서 싸워 이기는 그런 "실력"(Grammar Knowledge)을 말하는 것이 아니다.

필자는 다년간 한국과 미국에서 영어를 가르치면서 한국 학생들이 이 간단한 이치를 깨닫지 못해서 영문법 공부를 열심히 하면서도 진정한 의미에서의 문법 실력이 늘지 않는 것을 보면서 이 책을 쓰게 되었다. 필자와 함께 플로리다주립대 Center for Intensive English Studies의 문법 커리큘럼을 개발한 저니건(Jernigan) 박사는 언제나 학생들에게 "Develop your intuition!"(직감을 키워라!)을 강조했다. 그것은 문법을 공식화해서 외우려고 하지 말고, 다양한 예문을 접하면서, 해당 문법의 정확한 사용을 자연스럽게 유도하는 그 "직감"(Intuition)을 발달시키라는 뜻이다. 이와 같은 맥락에서, 이 책은 이해를 돕는 기초적인 문법 설명을 담고는 있으나, 현란한 문법 지식과 설명은 최소화하고 다양한 예문을 통해서 학생들이 기초적인 문법 사항을 문맥과 함께 더불어 이해하면서 그 "직감"을 발달시킬 수 있도록 하는 데 중점을 두었다. 이 책에서 쓰이는 많은 예문과 대화들은 필자가 이곳 대학에서 다양한 레벨의 문법 수업을 가르치면서, 특히 한국 학생들이 잘하는 실수를 참고해서 만든 것들이다. 모쪼록 필자의 경험과 노력이 녹아 있는 이 책이 영어로 고통(?)받고 있는 학생들에게 조금이나마 도움이 되었으면 하는 바램이다.

플로리다에서
저자 김아영

문법의 궁극적인 목표는
미국 보통 사람처럼 말하는 것!

영어 하면 '문법'을 떠올릴 정도로 문법은 좋든 싫든 영어와 한몸처럼 붙어다닙니다. 교육자들마다 견해가 달라서 문법 공부 안 해도 영어 잘할 수 있다고 주장하기도 하지요. 아주 틀린 얘기는 아닙니다. 영어권 국가에서 태어난 사람이라면 문법 공부 안 해도 잘할 수 있죠. 하지만, 미국인들은 학교 졸업 후에도 문법책으로 공부를 합니다. 왜냐고요? 더 정확한 영어를 구사하기 위해서요. 그리고 그런 정확한 영어 구사가 적재적소의 말을 하는 자신의 격을 높인다고 생각하기 때문입니다. 원어민들도 이런데 문장 구조가 완전히 다른 우린 한국인이 영어 문법을 공부해야 하는 건 당연합니다.

그런데, 문제는 영어 문법을 잘못 공부하고 있다는 거예요. 여러분은 문법을 왜 공부하시나요? 대부분은 회화를 잘하고 싶어서 할 겁니다. 그렇다면 원어민들은 자유자재로 잘 쓰지만, 우리는 쓰기 어렵고 힘든 부분을 집중해서 해야 하지 않을까요? 이 책 시리즈에서는 그것을 주어·목적어를 이루는 명사 부분(이 책)과 문장의 전체 구조를 좌우하는 동사 부분(2권)으로 나누어 설명합니다.

사실, 문장은 주요 성분인 주어와 목적어, 보어와 동사만 제자리에 제대로 놓으면 끝납니다. 문제는 주어와 목적어에 해당하는 부분을 어떻게 만들고, 시제와 결합하는 동사는 그 미묘한 뉘앙스를 어떻게 살리느냐가 회화를 잘하기 위해 문법을 공부하는 사람들이 해결해야 할 1순위입니다. 하지만 대부분의 학습자들이 이런 부분을 외면한 채 5형식이나 문법 용어에 집착하고, 자신이 배운 문법 사항으로 문장이 해석이 되는지 아닌지에 목을 매는 경우가 많습니다. 참 안타까운 일입니다.

사람들이 회화를 잘하고 싶다고 할 때 "그냥 미국 보통 사람처럼만 하면 좋겠어"라고 말합니다. 그 사람들은 거기서 태어나 자랐기 때문에 별 어려움 없이 말하는 것이기는 하지만, 그들이 하는 회화의 핵심은 문장의 주요 성분을 어순에 따라 정확하게 말하고, 동사의 뉘앙스를 살려 말하는 것입니다. 여러분도 여기에 집중해 문법을 익히고 활용하는 것에 집중해 보세요. 미국 보통 사람처럼 자유자재로 말하는 게 불가능한 꿈만은 아닐 것입니다. 그런 여러분 곁에 이 책이 함께합니다.

이런 분들께
이 책을 추천합니다!

문법 공부의 양과 회화 실력이 정확히 반비례하는 분
문법 하나는 어디 가서 꿀리지 않을 만큼 열심히 했는데 이상하게 회화가 안 된다고 호소하는 분들이 많습니다. 왜 그럴까요? 회화에 특화된 제대로 된 문법책을 만나지 못했기 때문입니다.
하지만, 이 책은 다릅니다. 백날 가야 써 볼 일 없는 내용은 쏙 빼고, 기본이 잡힌 사람들의 실력을 다듬어 최고의 스피커로 거듭날 수 있도록 합니다. 이제야 제대로 된 책을 만났습니다.

회화 잘하고 싶은 마음은 굴뚝 같은데 문법책은 쳐다보기도 싫은 분
사실, 기존 문법책이 주는 인상은 굉장히 딱딱합니다. 무슨 수학책도 아닌데 공식 같은 것이 페이지 빽빽이 들어차 있지를 않나, 앞뒤 맥락 없이 툭 튀어 나오는 문장도 재미없습니다. 그래서 문법책 앞 부분만 늘 손때가 묻어 있는 경우가 많지요.
이 책은 어떻게 하면 학생들에게 영문법을 재미있고 신나게 가르칠 수 있을까, 저 멀리 미국에서 고민에 고민을 거듭하던 저자가 세계 각국의 다양한 학생을 가르쳐 본 경험을 녹여 읽기 쉽게 설명합니다. 설명마다 이해가 팍팍 가도록 회화 예문을 들어주는 것은 기본이고요. 읽다 보면 문법책이 이렇게 술술 읽힐 수도 있구나 하는 생각이 듭니다.

예문이 재미없어서 영어책을 못 보겠다 하는 분
예문은 문법 상황이 모두 응축돼 있는, 어찌 보면 책에서 가장 중요한 요소입니다. 하지만 대부분의 문법책은 문법 사항 하나만 반영한 예문만 제시합니다. 예문에는 정성을 안 쏟았다고 할까요?
피부에 와 닿는 예문만 읽어도 공부가 되는 것 같은 책이 가장 이상적인 책이라 보는 저자는 예문에 정말 심혈을 기울였습니다. 이 책의 예문에는 미국인들의 가장 보편적인 정서가 담긴 문장, 말 그대로 보통 사람들의 회화가 그대로 녹아져 있습니다. 다른 책에서 볼 수 없는 예문을 읽는 재미가 쏠쏠합니다.

미국 보통 사람처럼 회화하기의 핵심 키워드, Grammar-in-Use, Grammar-in-Context

앞에서 미국 보통 사람처럼 회화하기 위해 알아야 할 사항을 간략하게 설명했습니다. 주어, 목적어가 되는 명사 부분을 확실히 하는 것과 문장 구조를 좌우하는 동사와 그 관련 시제를 공부하는 것으로 말입니다. 자, 무엇을 공부해야 하는지는 답이 나왔습니다. 그렇다면 '어떻게' 라는 how가 남았네요. 이 질문에는 두 가지로 답할 수 있습니다. 바로 Grammar-in-Use와 Grammar-in-Context입니다.

Grammar-in-Use는 '활용도 높은 올바른 문법'이라고 풀이할 수 있겠습니다. 주어나 목적어의 문장 성분을 만들 때 필요한 문법을 모조리 다 공부하는 게 아니라, 정말 활용도가 높은 것들로만 공부하는 것입니다. 문장에서 주어와 목적어로 쓸 수 있는 건 뭔가요? 바로 명사입니다. 그럼 명사 하나만 달랑 공부하면 될까요? 명사에는 관사도 붙고요, 전치사도 붙습니다. 꾸며 주는 형용사도 붙지요. 게다가 명사하고는 전혀 상관없는 녀석들이 갑자기 명사처럼 굴겠다고 나서기도 합니다. 여러분이 공부해야 하는 건 바로 이런 내용이에요. 이게 실제로 회화에서 쓰이고 활용도가 높기 때문이죠. 예전에 많은 사람들이 보던 영문법책의 명사 파트에 '분화복수'라는 도대체 무슨 뜻인지 짐작도 가지 않는 용어가 있었습니다. 분화복수가 뭐냐면요, 복수형 –(e)s를 붙였을 때 완전히 다른 뜻이 되는 경우를 칭하는 겁니다. 예를 들어, arm에 복수형 –s가 붙으면 '팔'의 복수형도 되지만 '무기'라는 뜻도 있다고요. 뭐 이런 게 엄청난 것인 줄 알고 용어도 달달 외웠지만, 그렇게 한 것이 여러분의 회화 실력을 늘리는 데에 도움이 되었나요? 전혀 아닐 겁니다.

그래서 이 책은 이 Grammar-in-Use에 기반하여 회화에 꼭 필요한 내용만 추려 넣었습니다. 그래서 기존의 영문법 책에서 보던 5형식 위주의 설명과는 다릅니다. 문법 용어에도 집착하지 않습니다. 오로지 회화 문장을 만들 때 가장 중요한 요소들을 정확하게 표현할 수 있게 정련된 내용만을 보여줍니다.

Grammar-in-Context는 단어 그대로 해석하면 '문맥 속의 문법'이라는 뜻입니다. 즉, 한 마디로 말해 문맥 안에서 문법을 이해하자는 얘기인 거지요. 예를 들어, 동사 run을 볼까요? run 하면 여러분은 '달리다' 이 뜻만 떠올릴 거예요. I run in the park every morning. 처럼 말이죠. 그런데 I used to run 10 miles to lose weight. 가 되면 그냥 '달리다'가 아니라 '~을 달리다' 처럼 목적어를 취하는 동사가 됩니다. 여기서 하고 싶은 말은, 동사 run을 볼 때 'run의 뜻은 달리다' 이렇게 확정 짓지 말고 문맥 안에서 파악하라는 얘기입니다. 그럼, 다음 문장을 보세요. My uncle runs a language school. 이 문장에서 run은 '달리다'의 뜻일까요? 아닙니다. 이때는 '운영하다'의 뜻이에요. 이걸 뜻만 외운다고 바로 응용할 수 있을까요? 우리 뇌는 그렇게 뜻만 집어 넣으면 알아서 상황에 따라 빼서 쓸 수 있는 방식으로 되어 있지 않습니다. 단어가 쓰인 문맥을 이해해야 제대로 쓸 수 있습니다.

그래서 이 책은 중요한 문법 사항이 나올 때마다 문맥 안에서 이해할 수 있게 회화 예문을 제시합니다. 그냥 예문만으로 충분하지 않냐고 하시겠지만, 문맥이라는 건 단순히 문장들이 모여서 된 것이 아니라 서로가 의사소통을 하면서 느껴지는 분위기나 뉘앙스, 맥락 이해 등 모든 것이 총체적으로 이뤄진 것이지요. 조금 힘이 들더라도, 진도가 빨리 나가지 않는 것 같은 답답한 느낌이 들더라도 기본 단어일수록 문맥 안에서의 활용에 더 집착하여 영어를 해보세요. 어느 순간 영어가 몰라보게 달라져 있을 것입니다.

Grammar-in-Use와 Grammar-in-Context를 관통하는 하나의 키는 바로 습득(acquisition)입니다. 그냥 배워서(learning) 아는 것으로는 절대 영어가 늘지 않습니다. 외과의가 영상으로 아무리 수술 장면을 많이 봤다 한들 수술을 잘할 수 있겠어요? 직접 메스를 들고 수술을 집도해야 합니다. 영어도 마찬가지입니다. 그냥 어떤 것을 배우는 것으로 만족하면 안 됩니다. 실생활에서 나 스스로 활용하여 완전한 자기 것으로 만들고자 하는 의지가 있어야 합니다. 이런 강인한 의지에 활용도 높은 문법을 집중적으로 학습하는 선구안, 그리고 문맥에서 활용하려는 적극적인 활동이 더해진다면 여러분의 회화 실력은 가만히 있으라고 발목을 붙들어 매어도 날개를 달고 날아갈 것입니다.

이렇게 보시기를
강력 추천합니다!

처음부터 일독을 권합니다

이 책은 1장부터 마지막까지 서로 유기적으로 연결되는 내용이라서 처음부터 찬찬히 읽어 보시는 걸 권합니다. 저자의 깔끔한 설명, 설명만으로 미진하다 싶은 건 바로 예문으로 이해시키는 순발력 덕분에 문법책을 읽는다는 느낌이 전혀 들지 않습니다.

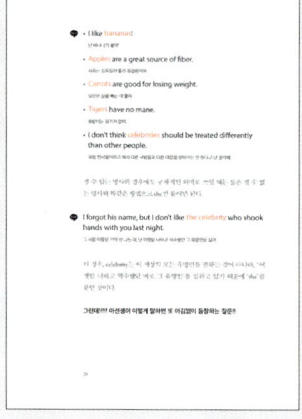 

회화 예문은 그냥 외우세요

회화 예문 하나하나가 그냥 쓰여진 게 아닙니다. 문맥을 통해 해당 문법을 가장 잘 이해할 수 있도록 시뮬레이션을 거쳐 나온 것입니다. 이 회화에는 미국인들의 사고와 정서가 그대로 함축돼 있어, 단순히 회화 예문을 공부한다는 것 이상의 의미가 있습니다. 그냥 한 번 읽고 지나간다 생각하지 말고 가만히 누워 있으면 회화 예문이 떠오를 정도로 읽고 또 읽어 주세요.

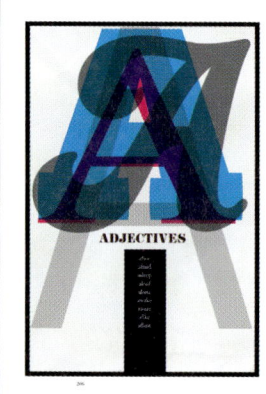 

두 가지 버전으로 되어 있는
오디오 파일을 들으세요

회화 예문마다 QR코드를 수록해 휴대폰만 가져다 대면 원어민 발음으로 바로 들을 수 있습니다. 모든 회화는 slow 버전과 natural 버전 두 가지로 녹음되어 있습니다. 대부분의 slow 버전에서는 감정이나 억양, 연음 법칙 등을 제외하고 평소보다 느리게 읽었습니다. 개별 단어의 발음을 정확히 들을 때 유용합니다. natural 버전은 미국인들이 평소에 말하는 속도와 억양, 연음법칙 적용, 감정 표현이 들어 있어 훨씬 생동감 있는 회화 듣기가 가능합니다. 여러분이 듣고 싶은 대로 선택해 들으시면 됩니다. 참고로 www.saramin.com에 들어가셔서 검색창에 책 제목을 입력해 추가자료실에 들어가시면 natural 버전만 모아 놓은 파일을 다운로드 받으실 수 있습니다.

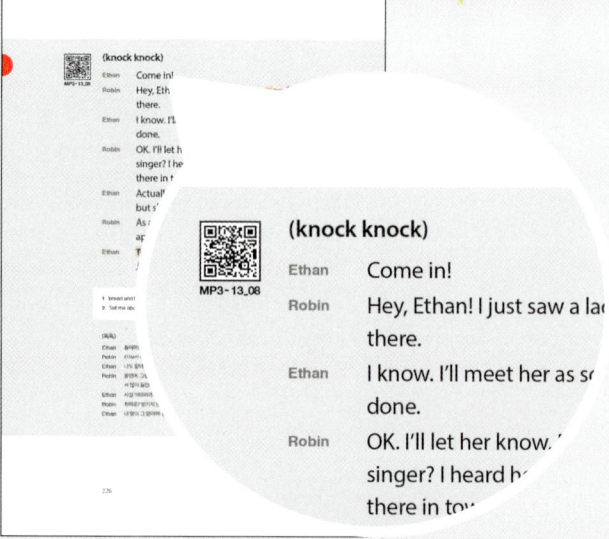

모두가 궁금해하던 걸 풀어주는 아선생님, 질문 있어요!도 놓치지 마세요

여러분이 궁금해하는 건 다른 사람도 궁금해합니다. 저자가 많이 받은 질문이기도 하지요. 본문 중간중간에 나오는 '아선생님, 질문 있어요!'에는 본문과 관련해서 학습자들이 가장 궁금해하고 알고 싶어 하는 것들만 질문으로 추려 깔끔 명료 정확하게 답을 줍니다. 여기서 건지는 것만으로도 여러분의 회화 실력이 확 늘어납니다.

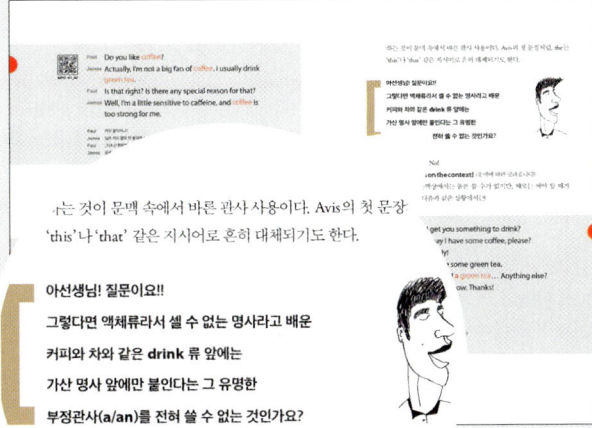

아선생의 영어 공부에 도움이 되는 외국어 습득이론

어떤 현상을 접할 때 그 현상이 발생하는 배경이나 이론을 알게 되면 훨씬 이해가 더 잘 되는 것처럼 우리가 유창한 회화를 하기 위해 거치는 과정이 과연 괜찮은 것인가, 또 그런 현상이 나타날 때는 어떤 식으로 대처를 해야 하는가를 알려주는 외국어 습득이론을 소개합니다. 이 외국어 습득이론은 반드시 전공자들만이 알아야 할 내용이 아닙니다. 여러분이 공부하면서 보이는 현상을 더 정확히 알 수 있게 되니, 그에 맞춰 올바른 방향으로 학습이 진행될 겁니다. 학습 이론에 대한 착실한 지식을 제공하니 건너뛰지 말고 반드시 읽어 주시기 바랍니다.

Contents

미국
영어 회화 문법
1권

Prologue 한국 학생들은 과연 문법에 강할까?   4
문법의 궁극적인 목표는 미국 보통 사람처럼 말하는 것!   6
이런 분들께 이 책을 추천합니다!   7
미국 보통 사람처럼 회화하기의 핵심 키워드, Grammar-in-Use, Grammar-in-Context   8
이렇게 보시기를 강력 추천합니다!   10

CHAPTER 1 관사의 사용, 이제는 직감으로 해결하자!   14
CHAPTER 2 대체 무엇이 셀 수 있는 것이고, 무엇이 셀 수 없는 것일까?   28
CHAPTER 3 교도소에 들어가는 거야, 면회를 가는 거야?
(셀 수 있고 없고와 상관없이 무관사로 쓰는 표현들)   52
CHAPTER 4 그럼, 셀 수 없다는 추상 명사는 무조건 무관사?   66
CHAPTER 5 우리는 하나! (여러 개가 모여 하나가 되는 집합 명사)   80

<쉬어 가는 페이지 1> 아선생의 영어 공부에 도움이 되는 외국어 습득이론 1
배움과 습득   92

CHAPTER 6 전치사 하나로 전달하려는 의미가 달라질 수 있을까?   94
CHAPTER 7 생활 영어 속에서 만나는 다양한 전치사 표현들   112
CHAPTER 8 무관사 용법은 열심히 공부하면서 무전치사 용법은 왜 무시하는 건가요?   124

<쉬어 가는 페이지 2> 아선생의 영어 공부에 도움이 되는 외국어 습득이론 2
알아들어야 알아먹지!   142

CHAPTER 9 'To be' or 'Being', that's the question! (부정사와 동명사)   146
CHAPTER 10 to부정사는 영문법 필드의 손흥민   170
CHAPTER 11 맨발의 부정사 (Bare infinitive: 원형부정사)   190

<쉬어 가는 페이지 3> 아선생의 영어 공부에 도움이 되는 외국어 습득이론 3
말이란 오고 가는 것!   198

CHAPTER 12 ~ing가 다른 걸 꾸밀 때는 동명사가 아니라 현재분사!   202
CHAPTER 13 현재분사가 존재한다면 과거분사도 존재하겠지!   212
CHAPTER 14 동태를 살펴라! (수동태)   228

<쉬어 가는 페이지 4> 아선생의 영어 공부에 도움이 되는 외국어 습득이론 4
정확한 문법사용의 비결은 바로 모니터!   240

CHAPTER 15 난 명사의 코디! (형용사)   244
CHAPTER 16 에이(A), 넌 뒤로 가! (A-형용사)   260

<쉬어 가는 페이지 5> 아선생의 영어 공부에 도움이 되는 외국어 습득이론 5
우리는 뭐든 배우는 순서대로 습득할까?   268

Epilogue 이제는 문법 공부할 때 Mindset을 한번 바꿔 보자!   270
참고문헌   272

**미국
영어 회화 문법
2권**

(동사 부분을
강화하고
싶은 분께 강추)

Prologue 한국 학생들은 과연 문법에 강할까?	4
문법의 궁극적인 목표는 미국 보통 사람처럼 말하는 것!	6
이런 분들께 이 책을 추천합니다!	7
미국 보통 사람처럼 회화하기의 핵심 키워드, Grammar-in-Use, Grammar-in-Context	8
이렇게 보시기를 강력 추천합니다!	10

CHAPTER 1 동작이냐 상태냐, 그것이 문제로다! (동작 동사와 상태 동사) — 14

CHAPTER 2 동사의 변신은 무죄! (문맥에 따라 변하는 동사: 자동사와 타동사) — 40

<쉬어 가는 페이지 1> 아선생의 영어 공부에 도움이 되는 외국어 습득이론 1
모니터를 안 하면서 영어를 하면 어떤 현상이 벌어질까? (화석화 현상: Fossilization) — 64

CHAPTER 3 시간 그 이상을 말해 주는 시제 I (단순현재 vs. 현재진행) — 68

CHAPTER 4 시간 그 이상을 말해주는 시제 II (현재완료 vs. 단순과거) — 84

<쉬어 가는 페이지 2> 아선생의 영어 공부에 도움이 되는 외국어 습득이론 2
스미스는 왜 동막골의 영어 선생과 말이 안 통한 걸까? — 106

CHAPTER 5 시간 그 이상을 말해 주는 시제 III (단순과거 vs. 과거진행) 3 — 110

CHAPTER 6 과거의 과거(had p.p)와 과거의 미래(was going to) — 126

<쉬어 가는 페이지 3> 아선생의 영어 공부에 도움이 되는 외국어 습득이론 3
지하철을 갈아타는 건 쉬운데, 언어를 갈아타는 건 어려워요. — 140

CHAPTER 7 WILL 대 BE GOING TO — 146

CHAPTER 8 조동사야 도와줘! — 170

CHAPTER 9 그대 이름은 완료, 완료, 완료! — 194

<쉬어 가는 페이지 4> 아선생의 영어 공부에 도움이 되는 외국어 습득이론 4
Do you speak 콩글리시? - No, I speak "Interlanguage"! — 210

CHAPTER 10 남의 말을 옮길 때! (직간접화법) — 214

CHAPTER 11 동사의 시제만 잡으면 해결되는 조건절과 가정법! — 242

CHAPTER 12 분사: 못다 한 이야기 — 266

<쉬어 가는 페이지 5> 아선생의 영어 공부에 도움이 되는 외국어 습득이론 5
문법 교육을 바라보는 한국과 미국의 시각 차이 — 286

Epilogue 이제는 문법 공부할 때 Mindset을 한번 바꿔 보자! — 290

참고문헌 — 292

CHAPTER 1

관사의 사용,
이제는 직감으로
해결하자!

ARTICLES

첫 장에서는 영어를 모국어로 하지 않는 모든 이들에게 가장 까다롭기로 소문났다는 관사(a/an/the)의 쓰임새부터 한번 파헤쳐 보자. 가산 명사(셀 수 있는 명사) 앞에는 a/an, 불가산 명사 앞에는 무관사, 고유명사 앞에는 몇 가지 예외를 제외하고는 무관사 등의 문법 공식은 너무 신경쓰지 말자. 아니, 잠시 잊도록 하자. 그리고 이 아(我) 선생▶과 함께 다양한 문맥과 풍부한 예문을 통해 관사 사용의 직감을 키워보도록 하자! Develop your intuition!!

▶ 한자로 필자의 이름에서의 '아'자는 실제 산높을 '아'(峨)자를 쓰나, 여기서는 독자님의 입장에서 이 책을 통해 독자님 스스로를 가르치신다는 의미에서 나 '아'(我)자를 쓰기로 하겠다.

하나! 일반적인 의미(Generic use)와
구체적인 의미(Specific use)

NO NOTHING vs. THE

다음의 대화 속에서 명사 'salt'와 'sugar'가 문맥 속에서 어떤 의미로 사용되는지, 또 그에 따른 관사의 쓰임은 어떤지 한번 살펴보자. 문맥을 충분히 이해하면서!

Eric　Hey, dude! What are you reading?

Mark　Well, I found this book at Borders▶ yesterday, and it's all about salt.

Eric　Salt? What about it?

Mark　Did you know that there are more than 10,000 uses of salt?

Eric　Really? How so?

Mark　It's not just for cooking. We can use salt as a health or beauty product. In addition, salt has many uses in modern aquaculture.

Eric　So, why are you so interested in salt usage?

Mark　As a matter of fact, I always wanted to write this kind of book about sugar.

▶ Borders는 미국에서 유명한 대형서점 체인(한국으로 치면 교보문고 정도)이었지만, 2011년에 파산했다.

Eric Sugar? Are you positive? Sugar is bad for you. It can cause tooth decay and contributes to obesity. There are tons of ways that sugar can ruin your health.

Mark I'm not talking about eating sugar. I wanna write about using sugar in different ways. Sugar makes cut flowers last longer and also kills cockroaches.

Eric Sugar kills cockroaches? I've never heard about that.

Mark It does. Mix equal parts of sugar and baking soda. Then, the sugar attracts cockroaches, and the baking soda kills them.

Eric Wow! By the way, how do you know all of that so well?

Mark I Googled it.

Eric 이 봐, 친구, 뭘 읽고 있어?
Mark 응, 이 책을 어제 Borders에서 찾았는데, 소금에 관한 모든 것에 관한 책이야.
Eric 소금? 소금에 관한 뭐?
Mark 넌 소금을 사용할 수 있는 방법이 10,000가지 이상인 것 알았어?
Eric 정말? 어떻게 그렇지?
Mark 소금은 단순히 요리에만 쓰이는 게 아니야. 건강이나 미용 제품처럼 쓸 수도 있고, 게다가 현대의 수산 양식에서도 많은 용도로 쓰이고 있지.
Eric 그런데 소금의 용도에 왜 그렇게 관심이 많아?
Mark 실은 난 설탕으로 이런 종류의 책을 항상 써보고 싶었거든.
Eric 설탕이라니? 너 정말 확신이 있는 거야? 설탕은 몸에 좋지 않아. 치아를 상하게 할 수도 있고 비만을 유도하고, 설탕이 건강을 상하게 하는 길은 무지하게 많잖아.
Mark 난 설탕을 먹는 것에 관한 이야기를 하려는 게 아냐. 설탕을 사용하는 방법에 대한 걸 쓰고 싶다고. 설탕은 꽃병의 꽃을 더 오래 지속되게 할 수도 있고 바퀴벌레를 죽이는데 사용될 수도 있어.
Eric 설탕이 바퀴벌레를 죽인다고? 난 그런 말은 들어본 적이 없네.
Mark 그렇다네. 설탕과 베이킹 소다를 반반씩 섞어 둬. 그러면 그 설탕이 바퀴벌레를 유도하고 베이킹 소다가 그것들을 죽이지.
Eric 우와! 넌 그 모든 걸 어떻게 그렇게 잘 알아?
Mark (인터넷) 구글(Google)에서 찾아봤지.

자, 이제 다 읽고 이해했으면, 다음의 질문에 대답해 보자.

Q 위의 대화 속에서 Salt와 Sugar 앞에 관사가 전혀 없는 이유는?

A 문맥 속에서 salt와 sugar 모두 특정 소금이나 특정 설탕이 아닌 일반적인 모든 소금/설탕을 의미하고 있기 때문에 관사를 취하지 않는다. 이렇게 어떤 사물이 일반적인 의미에서 쓰일 때는 정관사(the)를 취하지 않는다.

자, 이번에도 아까와 마찬가지로 다음의 대화 속에서 명사 salt와 sugar가 함께하는 관사의 쓰임을 살펴보자. 아래의 문맥 속에서 salt와 sugar는 어떻게 다른지, 그에 따른 관사의 쓰임은 어떻게 달라지는지를, 아 선생의 설명을 듣기 전에 독자 스스로 깨닫도록 해보자.

MP3-01_02

John Honey, could you pass me **the** salt, please?

Tanya Are you talking about **the** salt on this table?

John Yup!

Tanya Don't eat **the** salt. Tony was playing with it all day long, and God knows what's in it. Let me get you another shaker.

John What about **the** sugar on this same table?

Tanya Well, I'm not sure, but let me just throw it away. You know, just in case.... I'll buy a pack of sugar tomorrow.

John Oh, no! I really liked **the** sugar. You know, it's organic, and moreover, my friend Amon sent it to me from Kenya, Africa.

Tanya I'm sorry, honey. I swear I won't put sugar near the baby again.

John	여보, 거기 있는 소금 좀 집어 줘.
Tanya	여기 이 테이블에 놓인 이 소금 말이야?
John	그래.
Tanya	그 소금 먹지마. 오늘 하루 종일 토니가 그걸 가지고 노는 바람에 그 소금 안에 뭐가 들어있는지 아무도 몰라. 내가 다른 통으로 갖다 줄게.
John	그럼, 같은 테이블에 있는 이 설탕은 어때?
Tanya	음, 잘 모르겠지만, 그냥 버릴게. 혹시나 모르니까... 내가 내일 설탕 한 봉지 사다 놓을게.
John	참 나! 그 설탕 내가 얼마나 좋아하는 건데. 당신도 알다시피 그 설탕은 유기농이고, 게다가 아프리카 케냐의 내 친구 Amon이 나한테 보내준 거란 말이야.
Tanya	미안해. 다시는 아기 가까이에 설탕 안 둘게.

Q 똑같은 단어인 sugar와 salt가 이번에는 정관사 the를 취하고 있는 이유는 뭘까? 문맥 속에서 그 의미가 어떻게 달라졌지?

A 이번 대화 속에서는 아까와는 달리 일반적인 의미에서의 salt와 sugar가 아니라 특정 salt(그냥 아무 소금이 아냐. '그 테이블 위에 놓여있는 바로 그 소금!')와 특정 sugar (그냥 아무 설탕이 아냐. '케냐에서 내 친구가 보내준 바로 그 설탕!')을 뜻하기에 'the' 를 사용해야만! 문맥 속에서 올바른 관사 사용이 되는 것이다. 물론, Tanya의 마지막 문장('앞으로는 아기 곁에는 설탕을 두지 않을게.')에서의 설탕은 특정 설탕이 아닌, 모든 설탕을 의미하기 때문에 the는 필요 없다.

아선생님! 질문이요!!

그런데 Salt 나 Sugar 앞에는

부정관사(a/an)는 왜 붙일 수 없나요?

Salt와 Sugar는 flour, sand, rice, powder, dust, soil 등의 부류와 함께 불가산 명사이기 때문에 a나 an을 붙이지 못한다. 영어에서 이런 종류의 가루들은 셀 수 없는 것으로 간주한다. 참고로 셀 수 있는 명사의 경우에는 위와 같이 일반적인 의미로 쓰일 때 네이티브 스피커들은 주로 복수형을 쓴다:

💬 • I like bananas!

난 바나나가 좋아!

• Apples are a great source of fiber.

사과는 섬유질의 좋은 공급원이야.

• Carrots are good for losing weight.

당근은 살을 빼는 데 좋아.

• Tigers have no mane.

호랑이는 갈기가 없어.

• I don't think celebrities should be treated differently than other people.

유명 인사들이라고 해서 다른 사람들과 다른 대접을 받아서는 안 된다고 난 생각해.

셀 수 있는 명사의 경우에도 구체적인 의미로 쓰일 때는 물론 셀 수 없는 명사와 똑같은 방법으로 the만 붙이면 된다.

💬 I forgot his name, but I don't like the celebrity who shook hands with you last night.

그 사람 이름은 기억 안 나는 데, 난 어젯밤 너하고 악수했던 그 유명인은 싫어.

이 경우, celebrity는 이 세상의 모든 유명인을 말하는 것이 아니라, '어젯밤 너하고 악수했던 바로 그 유명인'을 말하고 있기 때문에 'the'를 붙인 것이다.

그런데!!!!! 아선생이 이렇게 말하면 또 어김없이 등장하는 질문!!

> 아선생님!
>
> flour, sand, powder, dust, soil은
> 왜 셀 수 없는지 대충 이해가 가는데요,
> 쌀(rice)은 한 톨, 두 톨, 이렇게
> 셀 수 있지 않나요? 대체 무엇이
> 셀 수 있는 명사이고 무엇이 셀 수 없는 명사인가요?

생각해 봐! 무조건 외우려 들지 말고 생각을 해 보라고!!!

셀 수 있는 명사와 셀 수 없는 명사를 구분하는 카테고리(Category)는 많은 경우 자로 잰 듯 명확하지가 않다. 이 카테고리에 대해 저명하신 언어학자, Geoffrey Leech라는 분이 그의 저서 〈A Communicative Grammar of English〉에서 다음과 같이 말씀하신다:

💬 "These categories are **based not so much on the world itself, as on the way our minds look at the world.**"

이게 대체 뭔 말? 그러니까, 아름다운 우리말로 하자면, 셀 수 있는 명사와 셀 수 없는 명사를 구분 짓는 카테고리는 세계에 존재하는 현상이나 사실들과는 전~혀 상관이 없고, 우리들의 마음이 이 세계를 어떻게 보는지 그 관점에 기초한다는 말씀! 우리가 지금 공부하고 있는 것은 언어이지 과학이나 수학이 아니라는 사실을 독자님들께서는 살짝 상기시켜 주시고…. 그런데 여기서 더 중요한 것은, 이 Leech라는 분이 말씀하시는 '우리들' (our)이라는 사람들이 도대체 누군가 하는 문제다. 그들은 이 아선생이나 독자들을 포함한 우리들을 말하는 것이 아니라, 영어를 모국어로 하는 네이티브 스피커들 즉 영미 문화권 속의 사람들을 뜻한다. 그러니까, 외국어를 잘하려면 그 나라의 문화를 이해해야

"I like  bananas!"

한다는 말은 그저 그런 형식적인 말만은 아니었던 것이다! 고로 영어를 잘하려면 영미 문화를 이해해야 한다는 것은 두말하면 잔소리라는 말씀! 영문법을 공부할 때 네이티브 스피커들의 세계관과 관점을 이해하는 것은 영어를 잘하기 위해서는 필수적인 과정이며, 이는 문법을 공부할 때에도 예외가 아니다.

자, 그럼 다시 쌀의 세계로 돌아와서, 실제로 쌀은 한 톨 한 톨 따로 떼어서 센다는 것이 가능하긴 하지만, 미국인들의 관점에서는 '심리적으로' (psychologically) 불가능하게 느껴지거나, 혹은 일상생활에서 쌀을 그런 식으로 세야 하는 일이 전혀 없기 때문에 대부분의 문맥 속에서 셀 수 없는 명사로 분류되고 있는 것이다.

나는 미국인들에게 쌀이라는 것이 우리 한국인들에게 설탕과 같은 개념이 아닐까 싶다. 우리 생각에 설탕을 (각설탕이 아닌 이상) 하나둘 센다는 것이 가당키나 한 일인가? 물론 돋보기를 들고 덤벼들면 가능할 수도 있겠으나, 보통 심리적으로 거의 불가능하게 느껴지며, 사실 살면서 설탕을 그렇게 셀 일도 없다. 그래서 우리도 설탕을 한 개, 두 개 세지 않고 봉지 단위로 세는 것이다. 셀 수 있는 명사와 셀 수 없는 명사에 대한 이야기는 많은 학생이 헷갈려 하는 부분이니, 다음 장에서 좀 더 많은 예문과 문맥을 통해서 파헤쳐 보자.

그럼, 이제 일반적인 것(Generic use)과 구체적인 것(Specific use)의 명확한 차이를 머리로 이해하셨으리라 보고, (혹시 명확한 이해가 안 되더라도 그냥 계속 따라와 보시길… 일단 한번 따라와 보시라니까!) 직감을 키우기 위해 다양한 문맥 속에서의 같은 관사 사용을 만나보자. Develop your intuition!!

Paul Do you like coffee?
James Actually, I'm not a big fan of coffee. I usually drink green tea.
Paul Is that right? Is there any special reason for that?
James Well, I'm a little sensitive to caffeine, and coffee is too strong for me.

Paul 커피 좋아하니?
James 실은 커피 별로 안 좋아해. 난 보통 녹차를 마셔.
Paul 그러니? 특별한 이유라도 있는 거야?
James 글쎄, 내가 카페인에 좀 예민한 편이라, 커피는 내겐 좀 독한 것 같아.

위의 문맥 속에서 coffee와 green tea 모두 특정 커피와 녹차가 아닌 일반적인 의미에서의 모든 커피와 녹차를 의미하기 때문에 정관사 the가 필요 없다. 반면, 다음의 대화 속에서는 coffee가 문맥상 어떤 의미로 쓰이는지, 그에 따른 관사의 사용이 어떻게 달라지는지 한번 살펴보자.

Avis Oh, my God! I love **this** coffee!
Kim **The** coffee you're drinking is imported from Peru.
Avis Really? Where did you get it?
Kim I picked it up at Starbucks.

Avis 이 커피 정말 맛있다!
Kim 네가 마시고 있는 그 커피 페루에서 수입한 거야.
Avis 정말? 이거 정말 좋은데! 어디서 구했어?
Kim 스타벅스에서 샀어.

여기서 Avis와 Kim 모두 아무 커피가 아닌, 특정 커피, 즉 '지금 Avis가 마시고 있는 페루에서 수입한 바로 그 커피'를 칭하기 때문에 the를 취

하는 것이 문맥 속에서 바른 관사 사용이다. Avis의 첫 문장처럼, the는 'this'나 'that' 같은 지시어로 흔히 대체되기도 한다.

아선생님! 질문이요!!
그렇다면 액체류라서 셀 수 없는 명사라고 배운
커피와 차와 같은 **drink** 류 앞에는
가산 명사 앞에만 붙인다는 그 유명한
부정관사(a/an)를 전혀 쓸 수 없는 것인가요?

정답은 Yes 앤드 No!
It all depends on the context! (문맥에 따라 달라집니다!)
즉, 위의 두 문맥상에서는 물론 쓸 수가 없지만, 때로는 써야 할 때가 있는데, 바로 다음과 같은 상황에서는!

Waiter	Can I get you something to drink?
Laura	Well, may I have some coffee, please?
Waiter	Absolutely!
Michele	I would like some green tea.
Waiter	**A coffee** and **a green tea**… Anything else?
Laura	That's all for now. Thanks!

웨이터	마실 것 좀 갖다 드릴까요?
Laura	커피 됩니까?
웨이터	물론이죠!
Michele	전 녹차 할게요.
웨이터	커피 하나, 녹차 하나… 뭐 다른 건요?
Laura	우선은 그렇게 주세요. 고맙습니다!

CHAPTER 1   ARTICLES

Do you like coffee?

Actually, I'm not a big fan of coffee. I usually drink green tea.

Is that right? Is there any special reason for that?

Well, I'm a little sensitive to caffeine, and coffee is too strong for me.

Oh, my God! I love this coffee!

The coffee you're drinking is imported from Peru.

Really? Where did you get it?

I picked it up at Starbucks.

분명 우리가 배운 불가산 명사인 커피와 녹차 앞에 미국인 웨이터는 가산 명사만이 취할 수 있는 부정관사(a/an)를 갖다 붙이고 있다. 이 미국인 웨이터는 커피와 차가 불가산 명사라는 사실을 정녕 모르는 것일까? 그것이 아니라!!!! 이는 웨이터의 입장에서 주문 받는 커피와 차의 숫자를 명확하게 하기 위해서 불가피한 선택이라 볼 수 있겠다. 그래서 많은 한국의 문법교재들처럼 '가산 명사 앞에는 부정관사(a/an)를 붙이고, 불가산 명사는 부정관사를 취할 수 없으며, coffee와 tea는 셀 수 없는 불가산 명사!'라고 공식화해서 암기시켜 버리면 그 공식이 통하지 않는 이 같은 상황에서 학생들은 당황하게 된다. 그러니까, 정관사, 부정관사의 쓰임을 문법적인 지식을 공식화해서 가르치기보다는 이러한 관사들의 쓰임새를 문맥/ 상황과 함께 이해하면서 익히고 습득하도록 하자는 이 아선생의 말씀, 부디 새겨들으시길....

CHAPTER 2

대체 무엇이
셀 수 있는 것이고,
무엇이
셀 수 없는 것일까?

INDEFINITE ARTICLES
:
COUNTABLE NOUNS
&
NON-COUNTABLE NOUNS

'하나의'라는 의미를 지닌 부정관사(a/an)를 사용할 때 많은 학생이 실수하는 이유는 바로 가산/불가산 명사의 명확한 구분이 어렵다는 데에서 기인한다. 앞서 언급했듯이, Geoffrey Leech라는 어르신의 말씀처럼, 어떤 사물이 절대적으로 셀 수 있고 없고는 사실 자체에 근거하기보다는 **말하는** 사람의 심리적인 관점에 근거하기 때문에 영어를 쓰는 네이티브 스피커들이 **세상을 바라보는** 관점을 이해하는 것이 무엇보다 중요하다.

일례로, 쥐(근육의 경련; mouse가 절대 아님!)를 뜻하는 cramp란 단어의 경우 영국 영어에서는 불가산 명사로, 미국 영어에서는 가산 명사로 쓰인다. 그래서 영국인들은 'I often get cramp in my calf muscles.' (난 종아리에 쥐가 잘 나)라고 하며, 미국인들은 'I got a cramp in my leg last night.' (어젯밤에 다리에 쥐가 났어)라고 하든지, 또는 복수 형태(cramps)로도 쓴다. 그뿐인가? 치통(toothache)이나 복통(stomachache)의 경우도 미국인들은 가산 명사로(예: I have **a toothache**.), 그리고 영국인들은 불가산 명사로(예: I have **toothache**.) 쓰고 있다. 이렇게 똑같이 영어를 모국어로 하는 미국인과 영국인 사이에서도 관점의 차이로 같은 단어가 가산 명사도 될 수 있고 불가산 명사도 될 수 있는 것이다. 허나!!!!! Don't be too flabbergasted!! 너무 황당해하지는 말자! 아선생은 단지 독자님께서 지금까지 영문법을 공부해온 방법을 다시금 생각해 보자는 말씀을 드리고 싶었을 뿐이다. 다시 말해, 한 단어가 가산, 혹은 불가산 명사라고 외우는 것은 아무런 의미가 없다는 것을 강조하고 싶었을 뿐! 한 단어를 다양한 문맥 속에서 접하면서 네이티브 스피커들이 사물을 보는 관점을 이해함과 동시에 문법을 사용하는 직감을 키워보자는 말씀을 하고 싶었을 뿐!! 그러니, 부디 힘을 내시오! 힘! 힘을 내시고, 지금부터 다양한 예문을 접하면서 미국인들과 눈높이를 같이 해 보자! 아선생과 함께하는 눈높이 영어, 지금부터 시작!

첫째로 기억해야 하는 것은 한 번 가산 명사는 영원한 가산 명사가 아니라는 사실이다. 너무도 당연하게 가산 명사는 해병대 소속이 아니다! 한마디로 문맥에 따라서 가산도, 또 불가산도 될 수 있는 명사들이 수두룩 빽빽하다는 말씀! 첫 번째 예로 아선생의 세 살짜리 아들내미도 "엄마, 바나나 한 개만 주세요."라면서 셀 수 있는 우리말로는 바나나, 영어로는 버내너라고 불리는 과일을 한번 살펴보자.

Harry	Can you tell if a banana is ripe? This is a perfectly yellow banana, but it doesn't taste right to me.
Jeremy	Let me see. I'm not sure, either. I would just wait a little more. In fact, bananas with a few brown spots on the skin taste better. Moreover, they boost your immune system.
Harry	Are you positive about that?
Jeremy	Yes, I'm positive. I read it somewhere.
Harry	바나나가 익었는지 안 익었는지 알 수 있어? 완전히 노란 이 바나나가 맛이 좀 이상한 것 같아.
Jeremy	한번 보자. 나도 잘 모르겠는데. 나 같음 좀 더 기다렸다 먹겠다. 사실 난 껍질에 검은 점이 조금 생긴 바나나가 더 맛있어. 게다가 그런 바나나들이 면역성을 강화하는 데 좋대.
Harry	그거 확실한 거야?
Jeremy	응, 확실해. 어디선가 읽었어.

우리들이 교과서에서 배운 대로 banana는 착실하게도 위의 모든 문장 속에서 가산 명사로 쓰이고 있다. '하나의'를 뜻하는 a와 함께 (a banana), 혹은 복수 형태인 bananas로 쓰이고 있다. 그런데!! 어떤 경우에는 바나나란 과일은 셀 수가 없나니… 대체 어떠한 경우에?? 잠시, 세 살짜리 아이가 바나나를 우걱우걱 먹고 있는 모습을 상상해 보자. 입가에 온통 바나나 범벅이 된 그 아이에게 엄마는 다음과 같이 말할 것이다:

💬 **Look at you! You have some banana on your face.**
너 좀 봐! 얼굴에 바나나가 묻었잖아.

이러한 상황에서 한국 엄마든 미국 엄마든 아이의 입가에 묻은 바나나의 개수를 셀 수가 없으며, 사실 셀 필요도 없다. 즉, 이럴 때, '아가야, 너의 얼굴에 4분의 1개의 바나나가 묻었어.'라고 말하는 사람은 없다는 말이지. 고로 이 경우, 바나나가 문맥 속에서 불가산 명사화되는 것은 당연지사! 이 하나하나의 상황과 문맥을 외울 수도 없지만, 외울 필요도 없다. 그저, 상식적으로 생각해 보고 이해해 가면서 관사 사용의 직감을 기르시면 된다~는 아선생의 충고만 미워도 다시 한번 머릿속에 새겨 주세요.

아선생님! 질문이요!!

그럼, **Hair**는
한 개 두 개 셀 수 있나요, 없나요?
Paper는요?

생각해 봐! 무조건 외우려 들지 말고 생각을 해보라고!!!
그 밖에도 이 세상에 존재하는 수많은 것들을 가지고 아시아, 중동, 유럽, 아프리카 등 각기 다른 대륙에서 날아온 아선생의 학생들은 서로 약속이나 한 듯이 똑같은 질문을 해왔다. 일단, 고교 시절 신체발부수지부모(身體髮膚受之父母)라며 자르기를 거부했던 아선생 친구의 그 비단결 같은 머리카락을 떠올리면서, 이 같은 문맥 속에서 머리카락의 쓰임새를 이용한 대화를 들어보자. 독자님께서는 지금 근사한 미용실에 우아하게 앉아서 일류 헤어 디자이너님과 대화를 나누고 계신다.

Customer	I'd like to get a haircut, please.
Hair Stylist	Do you have anything in mind?
Customer	I'm actually growing my hair, so could you just put in some layers?
Hair Stylist	Sure! Anything else?
Customer	I don't like my blonde hair. I would like to dye it black, but I'm worried because my hair is extremely dry.
Hair Stylist	That's not a problem at all. Do you want to try out our new hair remedy product before using dye on your hair?
Customer	That sounds like a plan!

고객	머리를 좀 자르고 싶은데요.
미용사	생각해 두신 스타일이 있으세요?
고객	사실 제가 머리를 기르는 중이라서, 그냥 층만 좀 내주실 수 있으세요?
미용사	물론이죠. 다른 건요?
고객	제 금발머리가 싫어요. 저는 검은색으로 염색을 하고 싶은데, 문제는 제 머리카락이 너무 건성이라서요.
미용사	그건 문제없어요. 머리에 염색제를 사용하기 전에 새로 나온 저희 헤어 영양제를 한 번 써보실래요?
고객	그거 좋은 생각이네요!

위의 대화와 같이 일반적으로 머리카락은 불가산 명사로 쓰이며, 고로 단수 취급한다. 머리카락을 한 개 두 개 센다는 것은 생각해 보면 전혀 불가능한 일은 아니다. 하지만 머리카락을 염색하거나 자를 때 몇 개의 머리카락을 자르고 염색했는지 알게 무엇이며 그것을 일일이 세는 사람은 한국에도 미국에도 이 세상 어디에도 없을 것이다. 이를 일찍이 언어학자이신 Geoffrey Leech 어르신께서는 실상은 세는 것이 가능하나, 심리적으로(psychologically)는 불가능하다는 표현을 쓰시었다는 것이다! 그러니까, 이 아선생의 말씀은 문법이라고 무~조건 외우려 들지 말고, 영어를 쓰는 미국인들의 심리를 한번 이해해 보자는 것이다.

놀라운 사실은, 어떤 문맥 속에서는 머리카락을 센다는 것이 실상이나 혹은 심리적으로나 모두 가능한 시점이 존재한다는 사실이니… 이 아 선생의 말이 과연 맞는지 틀리는지, 머리카락을 센다는 것이 필요하거나 혹은 가능한 것이 어떤 상황인지 잠시 한번 생각해 보자. 독자님께서는 잠시 눈을 감고 생각해 보세요.

혹시, 머리카락이 세 가닥쯤 남은 가엾은 대머리 아저씨들을 떠올리시고 계신다면 독자님 상상력의 한계를 탓하시면서, 다음의 대화를 들어 보면…

Samantha Do I look all right? I'm so nervous about my job interview today.
Charlotte Hold on, you have **a hair** on your blouse…
OK, I got it! Wow, you look exquisite!

Samantha 나 괜찮아 보여? 나 오늘 면접 때문에 너무 떨려.
Charlotte 잠깐만, 블라우스에 머리카락이 하나 있네… 됐다, 내가 뗐어! 와, 너 정말 근사해 보여!

자, 어떠신가? 블라우스 위에 살포시 떨어져 있는 하나의 머리카락을 세는 것은 엄마젖을 막 뗀 아이도 할 수 있는 산수! 이뿐인가, 별로 유쾌하지는 않지만, 식당에서도 우리는 종종 머리카락을 셀 일이 있다.

💬 Excuse me, but I found **two hairs** in my soup!
실례지만, 제 수프에 머리카락이 두 개나 있어요!

이러한 상황에서 하얀 크림 수프에 둥둥 떠 있는 두 개의 머리카락을 웨이터도, 그 식당 주인도 셀 수가 있을 것이다. 이때 만약 셀 수조차 없는 양의 머리카락이 나왔다면, 그런 식당은 가산, 불가산 명사를 고민하실 것도 없이 그냥 안 가시면 된다.

독자님들께서 이제는 상황 파악이 제대로 되셨으리라 믿겠다. **셀 수 있고 없고는 절대적인 것이 아니라 말하는 사람의 심리적인 관점에서 기인한다는 사실!!!** 그럼, 도대체 어떻게 공부해야 하느냐? 누차 반복하지만, 다양한 문맥을 접하면서 그들의 문법 사용을 이해하도록 노력하시면서 언어적인 '직관력'과 '감각'을 키우시는 방법이 최선이다. Again, Develop Your Intuition!! 그럼, 직관력을 키우기 위하여 다른 단어를 딱 하나만 더 선택해서 또다시 다양한 문맥들을 한번 접해보자. 2번 타자는 Paper~

CASE 1-A

Jane: Excuse me, may I get something to write on?
Librarian: Sure, here's a piece of paper.
Jane: Thanks.
Librarian: No problem!

Jane: 실례지만, 뭐 쓸 것(종이) 좀 얻을 수 있을까요?
도서관 사서: 물론이죠. 여기 종이 한 장이 있어요.
Jane: 감사합니다.
도서관 사서: 천만에요!

CASE 1-B

Jimmy: The printer is out of paper. Where can I get some paper?

Paul	I have a piece of **letter size**[1] paper. Do you need more?
Jimmy	Oh, that's perfect! I just need to print out a document. Many thanks!

1. letter size: 미국에서 가장 흔히 쓰이는 프린트 용지 사이즈로 A4용지보다 조금 작음

Jimmy	프린터 용지가 다 떨어졌네. 어디서 용지를 구하지?
Paul	내가 레터 사이즈 용지가 한 장 있는데, 더 필요하니?
Jimmy	좋아! 그냥 서류 한 장만 프린트하면 되거든. 고마워!

MP3-02_06

CASE 2

Amanda	You're going to Maria's party, aren't you?
Laurel	I'd love to, but I have a paper to turn in on Thursday. You know how strict Dr. Flemming is about his deadlines.

Amanda	Maria네 파티에 너도 가는 거지? 맞지?
Laurel	그러고는 싶은데, 목요일에 제출할 숙제가 있어. Flemming 교수님이 얼마나 마감일에 엄격하신지 너도 잘 알잖아.

MP3-02_07

CASE 3

Molly	You look exhausted! Do you need a hand?
Ah-young	I'm applying for US citizenship, and there are too many required papers! Can you please look through all these papers for me?
Molly	Yes, I will. Why don't you get some rest?

Molly	너 너무 지쳐 보인다! 도움 필요해?
아영	미국 시민권 신청을 하는데, 요구하는 서류가 너무 많아! 이 서류들 전부 다 한번 훑어봐 줄 수 있니?
Molly	그래, 그럴게. 넌 좀 쉬는 게 어때?

A SLICE OF CHEESE

| Ah-young | Thank you so much! |
| Molly | Sure! That's what friends are for! |

| 아영 | 정말 고마워! |
| Molly | 그 정도는 당연히 내가 해야지! 친구 좋다는 게 이런 게 아니겠어! |

각각의 문맥 속에서 paper가 어떤 의미로 쓰이는지를 이해하는 것이 중요하다. (Case 1)에서 paper는 문자 그대로 '종이'의 의미로 쓰이고 있기 때문에 물질명사라서 불가산 명사로 쓰이고 있다. 한번은 아선생의 중급 문법 시간에 종이가 셀 수 없다는 사실에 대해 몇몇 아랍계 학생들이 강한 반발(?)을 일으켰던 적이 있었다. 그때 아선생은 교단에 커다란 종이를 한 장 가지고 와서, 이 종이를 한 번 세 보라고 했더니, 아선생의 애제자인 압둘라지즈와 모하메드가 자신 있게 'It's **a** paper!' (종이 한 장이에요!)이라고 했다. 그래서 그 자리에서 아선생이 바로 그 종이를 박박 찢으면서 두 장, 세 장, 네 장으로 만들어 가면서 다시 같은 질문을 반복했다. 그러자, 모하메드 왈: 'It's a torn paper!' (그건 찢어진 종이 한 장이에요!) 우리가 지금 아랍어를 배우고 있다면 이들의 말을 귀담아들을 필요가 있겠으나, 아쉽게도 우리는 미국인들이 쓰는 영어를 배우고 있기에 이들보다는 미국인들의 관점을 이해해야 한다. 종이라는 물질은 책상이나 사람, 동물처럼 하나둘 이렇게 낱개화할 수 있는 개체가 아니다. 커다란 종이 한 장을 반듯하게 잘라서 8장의 A4용지를 만들 수도 있을 테다. 1 piece가 순식간에 8 pieces가 될 수 있는 이런 애매모호한 상황에서 미국인들은 종이를 가산 명사로 보지 않는다. 즉, 영미 문화권에서는 이러한 물질의 경우 하나, 둘, 센다는 것을 불가능하다고 본다. 이 같은 물질명사로는 wood, butter, bread, cheese, gold, silver, glass, ice 등이 있다. 물론 이들은, 셀 수가 없기에 **a** wood, **a** butter… 처럼 부정관사와 함께 쓰지 않으며, 굳이 세어야 할 일이 있다면, 다음과 같이 셀 수 있는 단위 명사의 도움을 받는다:

- a short piece of wood 짧은 나무 한 토막
- a stick of butter 버터 한 개
- a piece of bread 빵 한 조각
- a slice of cheese 치즈 한 조각
- an ounce of gold/silver 금/은 일 온스
- a sliver of glass 유리 한 조각 *'sliver'는 가느다랗고 작은 조각을 말한다.
- a cube of ice 얼음 한 조각

반면, (Case 2)와 (Case 3)에서 paper는 '종이'라는 뜻으로 쓰이고 있지 않고, 각각 '제출해야 할 페이퍼(리포트)'와 '서류'의 의미가 있기에 당근 셀 수 있는 명사로 쓰이고 있다. 그러니까, (Case 1)과는 전~혀 다른 문맥으로 보셔야 한다. 혹시, 헷갈리시는 독자님이 계신지? 아선생이 수년간 영어를 가르치면서 터득한 사실은 한국 학생들은 헷갈리는 경우 무조건 외우는 경향이 있다는 것인데, 제발 아선생과 함께 영문법을 공부할 때만큼은 그 버릇은 지나가는 멍멍이에게 아낌없이 주시고 임하시길... 그럼 대체 어쩌자는 말? 다음의 두 가지만 확실하게 기억하시면 된다!

하나!
지금까지 보신 바와 같이 하나의 명사, 혹은 사물이 셀 수 있고 없고는, 절대적인 것이 아니라는 사실을 다시 한번 상기시켜 주시고...
둘!!
이렇게 문법을 문맥과 함께 공부하는 'Grammar-in-Context' (문맥에 따른 문법 사용)의 개념을 뼛속 깊이 이해하자!

그럼, 위의 두 개념을 숙지하셨는지 test하는 의미에서 딱 한 가지 예만 더 살펴보자. 이번에는 어떤 예를 들어 볼까요? 리, 리, 리자로 끝나는 말인 유리~

CASE 1

Madam Oh my God! Look at this ice sculpture! Beau~tiful! It has such a wonderful sense of motion. Oh, I can feel the texture of the ice!

Sculptor Well, thank you, ma'am, but it's not an ice sculpture. It's actually made of glass.

귀부인 어머나, 세상에! 이 얼음 조각상 좀 봐! 뷰~리풀! 동작의 느낌이 정말 좋아. 오우, 이 얼음의 질감이 느껴져.
조각가 감사합니다, 부인, 그런데 이건 얼음 조각상이 아니라 유리로 만든 겁니다.

CASE 2

Jenny Gosh, I think I just stepped on a piece of glass.

Elizabeth Let me take a look at it. Oh, yeah. I see a small sliver of glass in the bottom of your foot. Hold on, I got it. I just removed it.

Jenny Thanks a bunch! I feel much better now!

Elizabeth Good! But just in case, why don't you see a doctor?

Jenny 아야. 내가 방금 유리를 밟은 것 같아.
Elizabeth 내가 한번 볼게. 맞아. 네 발바닥에 조그만 유리 조각이 하나 보여. 내가 할 수 있을 것 같아. 잠깐만, 됐어. 내가 금방 뺐어.
Jenny 정말 고마워! 훨씬 나아!
Elizabeth 좋았어! 하지만, 그래도 만약을 대비해서 병원에 가는 게 어때?

CHAPTER 2 INDEFINITE ARTICLES : COUNTABLE NOUNS & NON-COUNTABLE NOUNS

CASE 3

Adam Doctor, is red wine really good for your health?

Doctor Well, it really depends on how much you drink.

Adam Can you please elaborate? Then, how much wine is good for your health?

Doctor According to the research, drinking one to two glasses of red wine per day keeps the heart young. However, if you drink more than two glasses a day, it will be harmful.

Adam 의사 선생님, 레드와인이 정말 몸에 좋아요?
의사 글쎄, 얼마나 마시느냐에 따라서 다르겠죠.
Adam 좀 더 자세히 말씀해 주실래요? 그렇다면 얼마나 마셔야 건강에 좋은 건가요?
의사 연구에 따르면, 하루에 한두 잔 마시면 심장을 젊게 유지시킨다고 해요. 하지만, 두 잔 이상 마시면 해롭답니다.

CASE 4

Amy I'm so sick of wearing these coke-bottle glasses[1]!

Jessi What's wrong with them?

Amy I seem to look so nerdy with my glasses on. I really need a new pair of glasses.

Jessi Actually, I was gonna buy sunglasses today. Why don't we go to the optician's together?

Amy Certainly!

---

1. coke-bottle glasses: 두꺼운 안경

Amy 이렇게 렌즈가 두꺼운 안경 쓰는 거 정말 지겨워!
Jessi 왜 그 안경이 뭐가 어때서?
Amy 이 안경을 쓰면 내가 너무 범생이 같아 보여서 싫다고. 나 정말 새 안경이 필요해.
Jessi 사실, 나도 오늘 선글라스 하나 사려고 했거든. 안경점에 같이 갈까?
Amy 좋지!

(Case 1)과 (Case 2)에서는 glass가 '유리'라는 뜻의 물질명사로 쓰였기 때문에 셀 수 없는 명사로 쓰였다. 즉, 조각상의 재료로 쓰인 유리와 발바닥에 박힌 유리를 하나, 둘, 센다는 것은 상식적으로도 불가능하다. 반면, (Case 3)에서의 glass는 '유리로 된 와인잔'의 의미가 있으므로 당연히 한 잔, 두 잔, 셀 수가 있는 개체라 가산 명사로 쓰이고 있다. 마지막으로 (Case 4)에서는 glass가 복수형으로 glasses가 되어 '안경'이라는 의미를 가지게 된다. 이 경우 'glasses'가 언어의 형태상 이미 복수형을 띠고 있기 때문에 '하나의'라는 뜻을 가진 관사 'a'와 함께 써서 'a glasses'라고 해 버리면, 'a'는 항상 단수형과 함께 쓰인다! 라는 영어의 가장 기초적인 문법을 배반하여 매우 어색한 형태가 된다. 고로, 안경을 하나, 둘, 세어야 할 일이 있다면 'a pair of glasses', 또는 'two pairs of glasses'가 맞는 표현이다.

마지막으로 물질명사 외에도 많은 학생이 가산 명사로 쓰이느냐, 불가산 명사로 쓰이느냐를 헷갈려 해서 관사 사용 및 그에 따른 동사 사용(단수/복수 주어에 따른 동사 변화)까지도 잘 틀리게 되는 단어들을 몇 가지만 소개하고 다음 장으로 넘어가자.

VOCABULARY vs. WORD

Teacher You make progress in writing day after day, and I'm so impressed! However, your vocabulary seems relatively limited. From now on, try to use more advanced vocabulary.

Student I don't know how to improve my vocabulary. All I do is memorize a word a day. Should I do two words a day?

Teacher Merely memorizing the definition of the word is not a good way of improving vocabulary. Try to understand how to use it.

선생 넌 정말 하루하루 계속 writing 실력이 느는구나. 난 정말 감동받았어! 그런데 너의 어휘력이 비교적 한계가 있는 것 같아. 지금부터는 좀 더 고급 어휘를 쓰도록 해 보렴.

학생 어휘력을 어떻게 향상시켜야 하는지 잘 모르겠어요. 제가 하는 전부는 매일 한 단어씩 외우는 거예요. 제가 매일 두 단어씩 외워야 할까요?

선생 그냥 단어의 뜻만 외우는 것은 어휘력을 향상시키는 좋은 방법이 아니란다. 어휘를 어떻게 사용하는지를 이해하도록 해보렴.

'word'는 낱말, 혹은 단어라는 뜻으로 한 단어, 두 단어 셀 수가 있으므로 단수형, 복수형 이렇게 쉽게 바꿔 가면서 사용된다는 사실을 독자님께서도 쉽게 이해하실 것이다. 그런데 문제는, 얼핏 보아 의미가 비슷해 보이는 단어, 'vocabulary'는 이 'word'와는 쓰임새가 전혀 다르다는 데에 있다.

그럼, 이것이 무엇에 쓰는 물건인고~ 하니, 일단 위의 문맥 속에서 'vocabulary'는 '어휘력'이라는 의미로 쓰였기 때문에 구체적인 개개의 단어를 나타내는 'word'와는 달리 추상 명사라고 볼 수 있다. '어휘력'이란 말은 한국어에서도 하나, 둘 셀 수 있는 것이 아니기 때문에, 독자님께서도 불가산 명사라는 사실에 쉽게 동의하실 수 있을 것이다. 고로 위의 대화에서 보이듯이 'vocabulary'가 '어휘력'이라는 의미로 쓰이는 문맥 속에서는 셀 수 없는 불가산 명사로 단수 취급한다. 단!!!!!!!!!!!!!!!!!!!!!!!!!! 'vocabulary'가 '어휘력'이 아닌 '어휘'(한 사람이 알고 있는 모든 단어, 또는 한 언어가 가진 모든 단어)라는 뜻으로 쓰이는 문맥 속에서는 집합 명사로 사용되기 때문에, 다음과 같이 부정관사, a가 따라붙을 수 있다.

- She has **a** very wide vocabulary in Russian.

    그녀는 러시아어 어휘를 많이 알고 있다.

- English has **a** large vocabulary.

    영어는 방대한 어휘를 가지고 있는 언어이다.

그러니까, 그녀가 아무리 많은 러시아 단어(many Russian words)를 알고 있더라도, 영어가 아무리 많은 단어(a large number of words)를 가지고 있더라도 그 모든 단어를 포함하는 집합 명사인 vocabulary는 하나! 고로, **a** vocabulary!! 이러한 집합 명사의 사용에 대해서는 Chapter 5에서 미련 없이 파헤쳐 드릴 테니, 일단은 계속 가자!

SURGERY vs. OPERATION

CASE 1

Lisa My grandma got colon cancer, and she's having surgery this Saturday.

Gina Oh, no! Surgery freaks me out! I've never gotten any surgery in my life.

Lisa What are you talking about? You got plastic surgery last month!

Lisa 내 할머니가 대장암에 걸리셔서 이번 주 토요일에 수술받으셔.
Gina 저런! 수술은 너무 무서워! 난 일생에 수술은 한 번도 안 받아봤거든.
Lisa 너 대체 무슨 소리 하는 거야? 너 지난달에 성형 수술 받았잖아!

CASE 2

Nina My little girl is such a tomboy! She hurt herself two weeks ago, and the doctor had to perform an operation on her left arm.

Katie That's too bad! So, is she feeling better now?

Nina Yes, she is OK now, but unfortunately, this wasn't the first time.

Katie What? Then, how many operations has she had so far?

Nina Three!

Nina 내 딸아이는 너무 말괄량이야. 2주 전에 다쳐서는 의사가 걔 팔에 수술해야 했거든.
Katie 저런! 근데 지금은 괜찮아졌어?
Nina 지금은 괜찮아. 근데 불행히도 그게 처음이 아니었다는 말이지.
Katie 뭐? 그럼 지금까지 수술을 몇 번이나 받은 거야?
Nina 세 번!

(Case 1)과 (Case 2)의 두 대화 속에서 알아차리셨겠지만, 한국말로 하면 똑같이 '수술'이라고 해석되는 영어 단어 'surgery'와 'operation'이, 하나는 셀 수가 있고 하나는 셀 수가 없단다. 한국말로 해서는 헷갈리기만 하고 이해가 절대로 안 되는 이런 경우에 아선생은 영영사전의 도움을 빌려서 학생들에게 이해시킨다. 'surgery'를 세상의 모든 지식을 다 알려 주겠다는 네이버의 영영사전은 다음과 같이 정의한다:

"Surgery is medical treatment in which someone's body is cut open so that a doctor can repair, remove, or replace a diseased or damaged part."

그러니까, surgery란 몸에 칼을 대는 모든 종류의 의료시술을 전부 다 총칭하는 개념으로 봐 주시면 되겠다. 한마디로 전혀 구체적이지가 않고, 그런 종류의 시술을 모두 뜻하고 있는 '개념'처럼 보이는 단어이다. 이럴 경우, 미국인들은 불가산 명사로 취급한다. 그렇다면, operation은 어떨까? 이번에는 수입산 쇠고기, 아니, 수입산 영영사전, Heinle & Heinle의 The Newbury House Dictionary of American English의 도움을 빌려보자. 이 사전은 operation을 가산 명사(Countable Noun)라고 주장하면서 'a surgical procedure'이라고 정의하고 있다. 즉, 'operation'이란, 'surgery라는 형태의 치료를 하는 하나의 과정'이라는 뜻으로 그 행위가 좀 더 구체화 되어있다. 이렇게 구체적인 행위를 나타내는 단어의 경우, 미국인들은 가산 명사로 취급한다. 구체적인 행위가 가산 명사 취급되는 다른 예로는, 'I got **a** haircut.' (머리를 잘랐어요)과 'I had **a** date with Mr. Robin yesterday.' (어제 로빈 씨와 데이트를 했어요) 등이 있겠다.

MINOR ILLNESSES vs. SERIOUS DISEASE

CASE 1

Patient I've got a cold. What sort of medicine should I take?

Pharmacist What are the symptoms?

Patient I cough a lot, and I've got a runny nose. Oh, I also have a sore throat.

Pharmacist Do you have a headache as well?

Patient No, ma'am.

Pharmacist Are you allergic to any type of drugs or medications?

Patient No, but strong medicine sometimes gives me a stomachache.

환자	제가 감기에 걸렸어요. 어떤 약을 먹어야 하죠?
약사	증상이 어떻게 되나요?
환자	기침을 많이 하고 콧물이 나요. 아, 목도 아프고요.
약사	두통도 있나요?
환자	아니요, 선생님.
약사	특별히 알러지 반응을 보이는 약이 있나요?
환자	아뇨. 근데 독한 약이 가끔씩 복통을 유발하더라고요.

CASE 2

Anastasia So, are you ready for the family trip this weekend?

Becky Well, actually, I'm not sure if my son can still take a flight; he's got chickenpox.

Anastasia I understand measles is highly contagious, but is chickenpox a contagious disease as well?

Becky I believe so. I'm considering canceling the trip

46

because of that. Geeze, it seems like we have no luck with a family trip. We had to call one off last summer because my aunt-in-law was diagnosed **with breast cancer** that time.

Anastasia	그래, 이번 주말에 가는 가족 여행 준비 다 됐어?
Becky	실은 내 아들아이가 여전히 비행기를 탈 수 있을지 의문이야. 걔가 수두에 걸렸거든.
Anastasia	홍역이 전염이 아주 잘 된다는 건 나도 알고 있지만, 수두도 전염되는 병이니?
Becky	그렇게 알고 있어. 그 때문에 이번 여행은 취소할까 생각 중이야. 참 나, 우린 가족 여행에는 운이 안 따라 주는 것 같애. 지난여름에도 시고모님께서 그때 유방암 진단을 받으셔서 여행을 취소했었거든.

(Case 1)에서 보여지듯이, **a** cold(감기), **a** runny nose(콧물), **a** sore throat(인후염), **a** headache(두통), **a** stomachache(복통)▶ 등과 같이 모든 가벼운 증세를 보이는 자잘한 병들은 부정관사, a를 동반한 가산 명사로 쓰이고 있다. 반대로, (Case 2)에서 chickenpox(수두), measles(홍역), breast cancer(유방암) 등과 같이 (Case 1)보다는 비교적 심각한 '질병'이라고 불릴 만한 것들은 관사 없이 불가산 명사로 쓰이고 있다. 이거, 정말 헷갈리는 부분이다. 그건 이 아선생도 독자님께 충분히 공감하고 인정하는 바이다. 이 아선생도 결국은 미국인이 아니라 한국말이 모국어인 한국인이니까! 어쨌거나 헷갈리는 독자님들을 위해서 어떤 식으로든 일단 헷갈리지 않게 장치를 해놓고 넘어가자. 장치 설치 - 두통(headache), 감기(cold), 치통(toothache), 콧물(runny nose) 등과 같이 짧은 기간 내에 치료가 끝나는 증상들은 짧으니까 셈이 쉽고 가능하다. 고로, 가산 명사! 반대로, 수두(chickenpox), 홍역(measles), 유방암(breast cancer), 대장암(colon cancer) 등의 질병들은 비교적 오래도록 앓고 치료도 오래 걸리는 질병이니 길어서 셈이 어렵고 불가능하다. 고로 불가산 명사!

▶ 이 장을 시작할 때 언급한 바와 같이 영국 영어에서는 toothache, stomachache, backache 등이 셀 수 없는 명사로 쓰인다. 그러나 아선생이 영어를 가르치며 살고 있는 이곳은 오렌지의 고장, 미국 플로리다! 그리하여, 영국식 문법까지 커버하기에는 무리가 있기에 이 책의 모든 문법 내용은 미국 영어와 미국식 문법에 기반을 두기로 하겠다.

ADVICE vs. TIP

CASE 1

George: Geez, they **jacked up**[1] the gas price again. It's a **rip-off**[2]! The worst part of it is I don't know how to manage my business at this point. Do you have some advice for me?

Douglass: Just **hang in there**[3]! I'm pretty certain the government will take action sometime very soon. Besides, nowadays things change day by day.

1. jack up: 가격 등을 올리다
2. rip-off: 도둑질, 사기
3. hang in there: 버티다, 견디다

George 세상에, 기름값을 또 올렸네. 이건 사기야! 가장 나쁜 건, 이제 사업을 어떻게 해야 할지도 모르겠네. 나한테 이에 대한 충고 좀 해줄 수 있니?
Douglass 어떻게든 버텨봐! 난 정부가 빠른 시일 내에 조치를 할 것이란 확신이 들어. 게다가 요즘은 하루가 다르게 모든 게 변하더라고.

CASE 2

Maria: The very first presentation in my master's program is tomorrow. I **tossed and turned**[1] over this last night. Can you give me some tips on how to give a presentation? The more, the better!

Laura Have you read the article, "Tips for successful presentations" which is on the bookshelf right there? It's all about giving successful presentations.

1. toss and turn: 잠 못 들고 뒤척이다

Maria 내 석사과정에서의 첫 번째 프레젠테이션이 내일이야. 어젯밤엔 이것 때문에 계속 뒤척였어. 프레젠테이션 어떻게 하는지에 대한 조언 좀 해줄 수 있니? 많은 조언을 줄수록 더 좋아!

Laura 너 바로 저기 책장에 있는 "성공적인 프레젠테이션을 위한 조언들"이란 기사 읽었어? 거기 성공적인 프레젠테이션 하기에 관한 모든 것들이 다 있어.

(Case 1)과 (Case 2)의 두 대화 속에서 알아차리셨겠지만, 우리말로 하면 똑같이 '충고' 또는 '조언'이라고 해석되는 'advice'와 'tip'이, 하나는 셀 수 없고 하나는 셀 수 있단다. 왜? 어째서?? Why??? 이번에는 고맙게도 아선생의 개인 이메일을 관리해 주는 Daum.net 영영사전의 도움을 받아보자.

💬 Advice

all words for an opinion or suggestion about what somebody should do in a particular situation

💬 Tip

a small piece of practical advice

아 하~ 그러니까, Advice는 어떤 상황에서 어떻게 해야 하는지에 대한 의견이나 제안을 모두 통틀어 말하는 단어라 구체적이라기보다는 일반적이고 추상적인 개념으로 보아서, 당연히 불가산 명사! 반면, Tip은 좀 더 작은 단위이면서, 동시에 실용적이고 구체적인 하나의 충고를 말한단다. 이런 경우에는 당연히 가산 명사!

참고로, 'Feedback' 또한 선생님이 주시는 Advice의 한 종류이니 Advice와 똑같이 불가산 명사다:

💬 You will receive constant feedback during each class.
너는 매 수업 시간 마다 계속적인 피드백을 받을 것이야.

이번 기회에 함께 알아두실 것은 information, knowledge, news 등과 같은 부류의 단어들도 advice와 마찬가지로 불가산 명사로 쓰인다는 사실! 정보, 지식, 뉴스와 같은 단어들은 모두 개념이므로 하나, 둘 셀 수가 없는 추상 명사! 이들도 구체적인 문맥 속에서 그 쓰임새에 대한 감각을 느껴보자.

Felicia: There's good news and bad news. The good news is I got some football tickets for free, which means we can watch the football game▸ between FSU and UF.

Sylvie: Wow, I'm so thrilled! And the bad news is...?

Felicia: Because of the hurricane, we don't know when the game is going to be. As you might already know, this time of the year is hurricane season in Florida.

Sylvie: Since I'm new here, what should I do if a hurricane comes? Do I need to evacuate[1]? Where can I get more information about all this?

Felicia: I'm not sure if you need to evacuate at this time because it all depends on how intense the hurricane is. In any case, you can obtain **all the information** on the weather channel. And even if you're watching something else, the **breaking news**[2] will be delivered in case of emergency.

Sylvie By the way, where does a hurricane form? Why does Florida have so many hurricanes this time of the year?

Felicia Ask Dr. Lim. He's a **meteorologist**[3] who has **enough knowledge** to write a book about hurricanes.

---

1. evacuate: 대피하다, 피난 가다
2. breaking news: 뉴스 속보
3. meteorologist: 기상학자

▶ 미국 영어에서는 풋볼, 축구, 야구 등과 같은 두 팀의 경기는 'game'이라고 부르고, 테니스나 복싱 등과 같은 두 개인의 경기는 'match'라고 부른다. 반면, 영국 영어에서는 개인 경기이든 팀 경기이든 모든 종류의 스포츠 경기에 'match'라는 단어를 쓸 수 있다.

Felicia 좋은 소식도 있고 나쁜 소식도 있어. 좋은 소식은 내가 풋볼 티켓을 몇 장 공짜로 얻었다는 건데, 그건 우리가 FSU(Florida State University)와 UF(University of Florida)의 경기를 볼 수 있다는 말이지.

Sylvie 우와, 정말 신난다! 그럼 나쁜 소식은…?

Felicia 허리케인 때문에 그 경기가 언제일지 모른다는 거야. 너도 이미 알다시피 매년 이맘때 플로리다는 허리케인의 계절이잖아.

Sylvie 내가 여기 이사 온 지 얼마 안 돼서 그러는데, 허리케인이 오면 어떻게 해야 하지? 대피해야 하는 거야? 이에 관한 정보는 어디서 더 얻을 수 있니?

Felicia 이번에 네가 피신해야 하는지는 잘 모르겠어, 왜냐면 그건 허리케인의 세기에 따라 다르니까. 어쨌든 이 모든 정보는 날씨 채널에서 얻을 수 있어. 그리고 설사 네가 다른 걸 보고 있더라도, 비상사태에는 뉴스 속보가 전달될 거야.

Sylvie 그건 그렇고, 허리케인은 어디서 형성되는 거지? 왜 플로리다에는 매년 이맘때만 되면 이렇게 허리케인이 많이 오는 거야?

Felicia 임박사님께 물어봐. 그분이 허리케인에 관해서 책을 쓸 만큼 충분한 지식을 가진 기상학자시잖아.

CHAPTER 3

교도소에 들어가는 거야, 면회를 가는 거야?
(셀 수 있고 없고와 상관없이 무관사로 쓰는 표현들)

ZERO ARTICLE

<Chapter 2>에서 아선생이 구구절절이 한 말을 한마디로 요약하자면, 문맥 속에서 셀 수 있는 명사로 쓰일 때는 a/an이든 the든 간에 무조건 관사를 함께 써야 한다는 말이었다. 그런데 이 공식을 보기 좋게 깨뜨려 주는 표현들이 한둘이 아니니, 그중 대표적인 몇 가지를 살펴 보자.

❶ go to bed
❷ go to school
❸ go to prison
❹ go to church

아니, 이건 또 무슨 신의 장난이란 말인가!! 침대는 가구가 아니라며 박박 우기는 에이스 침대도, 옆에서 누가 볼링을 치든 고양이가 뛰어놀든 편하게 잘 수 있다는 시몬스 침대도, 우리 전통을 과학으로 승화시켰다는 황토 침대도 모두 하나, 둘 셀 수 있는 낱개의 개체들인 것을, 왜 a/an은커녕 the조차도 끼워 주지 않는 'go to bed'라는 표현이 미국에서는 버젓이 성행하고 있는 것일까? 학교는 또 어떤가? 'There are three elementary schools in this town.' (이 동네에는 초등학교가 세 개 있어요.)와 같이 학교 또한 셀 수 있지 않으냐 말이다. 감옥은 또 어떻고? 교회는??

자, 자, 진정들 하시고… 잠시 혼란스러운 이 상황을 아선생이 깔끔하게 정리해 드리자면, 위의 표현들에서 bed, school, prison, church는 가구나 건물의 의미로 쓰인 것이 아니기 때문에 문맥 속에서 셀 수 있는 명사들이 아니라고 보셔야 한다. 이러한 문맥 속에서 이들은 개념적인 의미로 쓰이고 있기 때문에, love(사랑), friendship(우정), trust(신뢰), loyalty(충성), curiosity(호기심) 등과 같은 추상 명사들과 오히려 그 쓰임이 같다고 보셔야 한다는 말이다. 독자님의 정확한 이해를 돕기 위해 위의 표현들을 하나씩 하나씩 낱낱이 파헤쳐 보도록 하겠다.

1

'go to bed'를 우리말로 하면, 직역대로 '침대로 가다'라는 뜻이 아니라 '잠자리에 들다'라는 말로 해석된다. 그러니까, 여기서 'bed'는 에이스, 시몬스, 혹은 황토 침대 등을 포함한 **'침대'라는 물건을 말하는 것이 아니라, '잠자리'라는 개념적 의미로 쓰였다고 보시면 된다.** 그러니까, 침대를 쓰면 허리가 불편하시다며 한사코 침대를 쓰지 않고 방바닥에 이불 깔고 주무시는 어르신들도 잠자리에 들 때는 예외 없이 'go to bed'라는 표현을 쓰실 수 있다는 말이다. 구체적인 용례가 담긴 대화를 살펴보면...

MP3-03_01

Maria What time do you usually go to bed?
Laurel I used to go to bed around 11 pm, but since I have early morning classes this semester, I try to go to bed earlier these days.

Maria   넌 보통 몇 시에 잠자리에 드니?
Laurel 11시쯤 잠자리에 들곤 했었는데, 이번 학기에는 아침 일찍 듣는 수업이 있어서 더 일찍 자려고 노력해.

▶ 보시다시피, 위의 대화 속에서 bed는 침대라는 물건을 말하는 것이 아니라 '잠자리'라는 의미로 쓰였다.

2

'go to school' 또한 아선생이 우리말로 번역을 해야 할 일이 있다면 '학교에 가다'라는 직역보다는 '학교에 다니다'라는 표현을 택할 것이다. 엄마가 '학교에 가서' 선생님을 만나보는 것(go to **the** school)과 아이가 '학교에 다니는 것'(go to school)은 엄연히 차별화를 두어야 할 두 가지 다른 개념이기 때문이다. 즉, 여기서 go to school은 학교라는 장소로 가는 행위를 말하는 것이 아니라, '공부하는 학생으로서 학교에 다니고 있는 상태'를 뜻한다고 이해하시면 되겠다.

같은 용례의 표현으로
go to preschool(유아원에 다니다), go to kindergarten(유치원에 다니다), go to high school(고등학교에 다니다), go to college(대학교에 다니다), go to graduate school(대학원에 다니다) 등이 있겠다.

참고로, '대학교에 다니다'라는 표현의 경우, 'go to university'라는 표현보다는 'go to college'라는 표현이 주로 쓰인다. 구체적인 용례가 담긴 대화를 하나 들자면...

Amy	So, Tracy! What's your plan after graduation?
Tracy	Well, I applied for a couple of jobs, but if I don't get any of them, I'll just go to graduate school.
Amy	Tracy, I don't think you should go to graduate school like that! Graduate courses are usually challenging. It's really hard to do well without motivation.

Amy	그래, Tracy! 졸업 후에 뭘 할 계획이니?
Tracy	글쎄, 일자리 몇 군데 지원해 놨는데, 만약 그중 한 군데도 안 되면 그냥 대학원이나 가려고.
Amy	Tracy, 대학원을 그런 식으로 진학해서는 안 된다고 생각해. 보통 대학원 수업들은 힘들어. 동기부여가 없이는 잘 해내기 어렵지.

▶ 대화 속에서 graduate school(대학원)은 특정 대학원을 나타내는 것이 아니라, '대학원에 진학하다'라는 개념적인 의미로 사용되고 있어 무관사가 맞다.

3

'go to prison'의 경우, 봉사활동이나 기독교에서 말하는 전도 등의 이유로 감옥의 수감자들을 면회 갈 일이 있다면 절대로 써서는 안 되는 표현이다. 'go to prison'은 '감옥에 수감되다'라는 의미로만 쓰이지, 면회 등을 하기 위해 '감옥을 방문하다'라는 의미로는 절대 쓰이지 않기 때문이다. 왜냐하면, 이 표현에서 'prison'이란 장소로서의 의미를 가진 '감옥'이 아니라, '수감이 되다'라는 개념으로 쓰이고 있기 때문이다. 다시 말해, 'go to prison'이란 표현을 썼을 때 화자는 청송 교도소냐, 주례 교도소냐 하는 구체적인 장소로서의 의미를 가진 감옥에 가는 행위를 말하는 것이 아니라, 그 장소가 어디가 됐든 간에 '수감이 되다', 혹은 '옥살이를 하게 되다'라는 사실 자체를 말하고자 하는 것이다. 그래서 be in prison(수감 중이다), be sent to prison(투옥되다), be put in prison(투옥되다) 등의 표현들도 같은 용례로 **관사 없이** 사용된다.

이 모든 표현 속에서 prison은, 다음과 같이, 같은 의미를 가진 단어인 jail로 대체하셔도 무방하다:

- Scofield went to jail.
- Scofield is in jail.
- Scofield was sent to jail.
- Scofield was put in jail.

→ 해석은 'Scofield(석호필)은 수감 중이다'라는 뜻으로 전부 다 같은 말로 무관사!

4

'go to church'는 교회에 예배보러 가는 신자들을 말할 때 쓰는 표현이다. 교회에 목사한테 빌린 돈을 받으러 가거나, 기자가 기독교 신자들을 인터뷰하러 교회에 갈 때, 혹은 플로리다의 한인 교회에서 해마다 열리는 김치 바자회에 깍두기를 사러 가는 상황에서는 물론 안 쓰는 표현이다. 이유는, 여기서도 'go to school', 'go to prison'과 마찬가지로 '교회라는 장소로 **가는** 행동'을 의미한다기보다는 **'예배를 보는 행위'**를 나타내는 개념으로 쓰이고 있기 때문이다. 물론 기독교가 아닌 다른 종교도 관사의 용례는 같다고 보시면 된다. 가톨릭 신자분들은 'go to (Catholic) church', 이슬람 신도분들은 'go to mosque', 불교 신자분들은 'go to temple', 유대교는 'go to synagogue'… 모두 관사 없이!

Jen	Are you Christian?
David	No, I'm actually Buddhist. How about you?
Jen	I'm Christian. I go to church. What about Paul?
David	He's a Christian as well. He goes to Catholic church, though.

Jen	넌 크리스천이니?
David	아니, 나 사실 불교야. 넌 크리스천이니?
Jen	응, 난 교회 다녀. Paul은 종교가 뭐니?
David	그도 크리스천이긴 한데, 성당에 다녀.

▶ 대화 속에서 교회(church)든 성당(Catholic church)이든 건물이나 장소의 의미로 그곳에 가다는 뜻보다는 '기독교인으로서 교회에 다니는 상태', 혹은 '천주교인으로서 성당에 다니는 상태'를 나타내고 있다.

HOWEVER!!!!!!!!!!!!!!

위에서 쓰인 모든 명사도 구체적인 물건이나 건물/장소를 나타내는 문맥 속에서는 당연히 셀 수 있는 명사로 쓰여 a/an/the를 다시 다 붙일 수 있게 된다. 우~왔(What)!!! 뭘 그리들 놀라시나? 영어의 관사 쓰임은 문맥에 따라 수시 때때로 변하는 변신 합체 로봇이라는 사실을 아직도 깨닫지 못하셨는가? 혹여나 아직 머리로 깨닫지 못하신 독자분이 계시더라도 낙담하시지는 마시라! 영문법을 마스터하는 방법 중에는 예문을 통해 직감을 키워나가는 또 하나의 길이 있으니, 독자님께서는 이제 가 보지 않은 그 길을 이 아선생과 함께 망설임 없이 한번 가 보자! 로버트 프로스트도 못 가 본 그 길을 말이다!

1 go to bed vs. go to the bed

CASE 1

Michelle I'm taking off[1]!

Janis Hey, it's just 9 pm. Why don't you have just one more cocktail?

Michelle I'd love to, but I should get going now. I have an early morning yoga class tomorrow and I need to go to bed soon.

Janis Well, then, good night! Thank you for coming.

Michelle Thank you for inviting me. Oh, where did you put my bag?

Janis Oh, your bag is on Amy's bed. Do you know where Amy's room is?

Michelle Is it the one on the right upstairs?

Janis Yes, it is. I put all the guests' bags on **the** bed in her room.

Michelle Thanks!

---

1. take off: 어느 장소를 떠날 때

Michelle 나 간다!
Janis 야, 9시밖에 안 됐는데 칵테일 한 잔만 더 하고 안 갈래?
Michelle 그러고는 싶은데, 지금 가야겠어. 내일 아침 일찍 요가 수업이 있어서 일찍 잠자리에 들어야 해.
Janis 그렇다면 할 수 없지. 잘 가! 와 줘서 고마워.
Michelle 초대해 줘서 고마워. 근데 내 가방 어디다 뒀니?
Janis 네 가방은 Amy 침대 위에 있어. Amy방 어디 있는 줄 아니?
Michelle 거기가 위층 오른쪽 방이지?
Janis 응, 그 방 맞아. 내가 손님들 가방은 전부 그녀 방 그 침대 위에 뒀어.
Michelle 고마워!

CASE 2

Customer Excuse me, I'm looking for a sleep number mattress. Do you carry them?
Clerk Of course! Do you see that blue balloon in the back of the store?
Customer Yeah.
Clerk Go to **the** bed just beside the balloon. That's our sleep number bed.

고객 실례지만, 제가 조절 기능 매트리스를 사려고 하는데요. 여기 팝니까?
점원 물론이죠! 가게 뒤쪽에 저 파란 풍선 보이세요?
고객 네.
점원 그 풍선 바로 옆에 있는 침대로 가 보세요. 그게 조절 기능 침대입니다.

▶ (Case 1)의 대화에서 Michelle은 아침 일찍 요가 수업이 있어서 일찍 잠자리에 들어야 한다는 말을 하고 있기에 '잠자리에 들다'라는 관용적 표현 'go to bed'를 쓰고 있다. Janis의 경우, 그와는 달리, '모든 손님들의 가방을 올려둔 Amy의 방에 있는 바로 그 침대'를 말하고 있기 때문에, 이 경우 '침대'(bed)는 구체적인 사물을 나타내므로 'the bed'가 맞다. (Case 2)의 대화에서 점원의 마지막 두 문장은 '잠자리에 들다'라는 표현이 아니라, '파란 풍선 옆에 있는 바로 그 침대'로 가 보라는 말이므로, 이 경우에도 마찬가지로 침대는 잠자리라는 개념이 아니라 구체적인 사물로 쓰이고 있기 때문에 'Go to the bed'가 맞다.

go to bed

go to bed

go to bed

go to bed

go to bed

go to bed

2 go to school vs. go to the school

Kim Cynthia, long time no see!

Cynthia Hey, Kim! How's it going with you?

Kim Great! How's your daughter doing? Her name's Samantha, right?

Cynthia Yes, she turns six in February, and she'll go to school soon.

Kim Wow, Samantha's already going to school? Time flies!

Cynthia Yes, it really does. By the way, are you on your way somewhere?

Kim Oh, my little boy, Jack, goes to Apalachee school, and I'm going to the school to meet his teacher.

Kim	Cynthia, 오랜만이야!
Cynthia	Kim! 어떻게 지내?
Kim	잘 지내! 네 딸은 어때? 걔 이름이 Samantha였지, 아마?
Cynthia	맞아, 걔가 2월이면 6살이 돼서 곧 학교에 갈 거야.
Kim	와, Samantha가 벌써 학교에 간다고? 시간 참 빠르다!
Cynthia	맞아, 정말 그래. 그건 그렇고 넌 어디 가는 길이니?
Kim	어, 내 아들 Jack이 Apalachee 학교에 다니는데, 걔 선생님 만나러 지금 그 학교에 가는 길이야.

▶ 앞서 나온 Kim과 Cynthia가 말한 두 표현은 학교에 갈 나이가 되어 '학교에 다니다'라는 개념적 의미로 쓰여 관사 없이 'go to school'이란 관용적 표현이 쓰였다. 마지막 Kim의 대화에서는 Kim이 수업을 받으러 학교에 가는 것이 아니라, 아이의 선생님을 만나 뵈러 학교에 가는 것이기 때문에 School이 구체적인 장소의 의미를 담고 있어서 go to the school이 된다.

3. go to prison vs. go to the prison

Jamie You know what? Jason was falsely accused of counterfeiting money, and he went to prison.

Lorie What? That's preposterous! None of us has ever doubted his honesty! I don't think he's a person who could commit such a crime. Is there any way we can help him?

Jamie I've already hired a lawyer who's known for defending federal felons. I'm planning to go to the prison to meet Jason with the lawyer.

Lorie I hope she's not too expensive.

Jamie 너 그거 아니? Jason이 위조지폐를 만들었다는 억울한 누명을 쓰고 감옥에 갔어.

Lorie 뭐? 말도 안 돼! 우리 중 아무도 Jason의 정직함을 의심한 적이 없잖아! 내 생각엔 걔가 그런 죄를 저지를 만한 사람이 아냐. 우리가 도울 방법이 없을까?

Jamie 내가 벌써 중범죄자들을 잘 변호한다는 변호사를 고용했어. 그 변호사와 함께 Jason을 만나러 그 교도소에 방문할 예정이야.

Lorie 변호사비가 너무 비싸지 않았으면 좋겠다.

▶ 첫 번째 문장에서는 Jason이 누명을 쓰고 감옥에 갔다는 말을 하고 있으므로 물리적인 장소인 교도소에 가는 행위라기보다는 감옥에 갇히게 된 개념을 말하고 있다. 고로 관사 없이 'went to prison'이 된다. 마지막 문장에서는 수감되어 감옥에 가는 것이 아니라 변호사와 함께 수감 중인 친구를 방문하러 그 감옥으로 가는 내용이기 때문에 prison이 교도소라는 물리적 장소로 쓰이고 있어 'go to the prison'이 맞다.

4 go to church vs. go to the church

Felicia Are you a Christian? Do you go to church?
Hyun-jung Yes, I do. Why?
Felicia I was wondering if you go to the Korean Baptist church in town.
Hyun-jung Oh, yes. I go to that church. Do you wanna go there with me?
Felicia Actually, I go to Catholic church. I just heard that your church is having a Kimchi bazaar to raise funds for charity. So I'm going to go to the church this Friday in order to buy some Kimchi. You know, I'm addicted to Kimchi.

Felicia 너 기독교인이니? 교회 다녀?
현정 응. 다녀. 왜?
Felicia 난 혹시 네가 우리 동네에 있는 한국 침례 교회에 다니나 해서.
현정 응, 맞아. 나 그 교회에 다녀. 거기 나랑 같이 가볼까?
Felicia 사실 난 천주교인이야(성당에 다녀). 그냥 너네 교회에서 자선기금을 모으려고 김치 바자회를 한다는 말을 들었거든. 그래서 그 교회에 이번 금요일에 김치 사러 가볼까 해서.
너 알잖아, 나 김치 없인 못 사는 거.

▶ 첫 번째 문장에서 Felicia가 말한 'go to church'는 '기독교인이니?' 혹은 '교회에 다니니?'라는 말로 church를 물리적 장소로 해석하기보다는 개념적 의미로 보아야 하므로 관사가 없다. 마지막 문장에서의 church는 종교적 개념이 아니라 김치 바자회가 열리는 물리적 장소의 의미로 쓰였기 때문에 'go to **the** church'가 맞다.

CHAPTER 4

그럼,
셀 수 없다는 추상 명사는
무조건 무관사?

ABSTRACT NOUNS

Life(인생), Love(사랑), Friendship(우정), Happiness(행복), Trust(신뢰), Loyalty(충성), Curiosity(호기심), Development(발전), Virginity(순결), Power(힘), Authority(권위), Luck(행운) 등과 같이 우리가 배우면서 하나, 둘 셀 수가 없다는 사실에 쉽게 동의하게 되는 추상 명사의 경우 관사 쓰임이 어떨까? 눈에 보이지도 않고, 셀 수도 없고, 구체적인 그 어떤 것이라고 꼭 집어서 말하기도 그런 이 추상 명사들의 경우 무조건 무관사일까? 물론 대부분의 경우 그렇다. Yes, they are!! But!!!!!!!!!!!! 아선생은 영어 관사의 쓰임을 공부할 때 이 '무조건'이란 단어를 배척하실 것을 강력히 권해 드린다. 관사의 쓰임은 문맥에 따라 수시 때때로 변하는 변신 합체 로봇이라고 말씀드린 걸 설마 벌써 잊으시지는 않으셨으리라 믿겠다. 그럼, 만인이 사랑하고 즐겨 쓰는 대표적인 추상 명사 'love'와 우리의 관사 로봇이 어떻게 변신 합체하는지 다음의 문맥을 통해서 살펴보도록 하자.

CASE 1

Peggy Guess what? My brother fell in love with a girl, and he's a happier man now. Isn't that awesome? As Michael Bolton sings, "Love is a wonderful thing!"

Gina Interesting! Do you believe in love?

Peggy Of course, I do. Don't you?

Gina No, I don't. There's no such thing in the world.

Peggy Are you serious? I believe in the power of love.

Peggy 그거 아니? 내 남동생이 어떤 여자애하고 사랑에 빠져서, 걔 지금은 더 행복한 사람이 됐어. 근사하지 않니? Michael Bolton 노래처럼, 사랑은 대단한 거야!
Gina 재밌네. 넌 사랑을 (사랑의 존재를) 믿니?
Peggy 물론이지! 넌 아냐?
Gina 난 안 믿어. 세상에 그런 건 없어.
Peggy 너 정말 그렇게 생각해? 난 사랑의 힘을 믿어.

Q 위에서 Love가 전~혀 아무런 관사를 취하지 않고 있는 이유는?

A 문맥 속에서 Love는 가장 일반적인 의미에서의 '사랑'이란 말로 쓰이고 있다.
이러한 문맥 속에서 사랑은 물론 하나, 둘 셀 수 있는 개체가 아니므로 a/an은 필요 없고, 또한 '로미오와 줄리엣의 사랑'이라든가 '어머니의 사랑' 등과 같이 구체적인 특정 케이스의 사랑을 뜻하고 있지도 않기 때문에 물론 the도 필요가 없다. 우리가 흔히 접할 수 있는 가장 일반적인 추상 명사와 관사의 결합이라 볼 수 있는 '무관사' 형태.

CASE 2

Annie Peter is such a penny pincher! Everyone knows that he **has deep pockets**▶, but I've never seen him donate anything to charity for the less fortunate. Is he a cold-blooded person or what?

John As a matter of fact, his mother is trying everything to change him. On top of that, she prays for him every single day at church.

Annie Hmm... Let's see if **the** love of his mother can change him.

John If not, we could depend only on **the** love of God, I suppose.

Annie Peter는 정말 구두쇠야. 걔가 부자라는 사실을 모두가 다 아는데 난 한 번도 걔가 불우이웃을 돕는 자선단체에 기부하는 걸 본 적이 없어. 대체 냉혈한이야, 뭐야?
John 사실, 걔네 어머니가 걔 변화시키려고 무진장 노력하셔. 게다가, 매일 성당에서 그를 위해서 기도하셔.
Annie 음… 그의 어머니의 사랑이 그를 정말 변화시킬 수 있는지 한번 보자구.
John 그것도 아니면, 우린 이제 신의 사랑에 의존할 수밖에 없는 것 같아.

▶ 'have deep pockets'라는 표현은 부자라는 말! 여기서 'pockets'는 항상 복수형으로 쓰인다. 부자의 돈주머니는 한 개가 아니라 여러 개라고 기억하면 도움이 되실까?

Q 앞서 나온 문맥과 같은 의미를 가진 단어인 love가 여기서는 왜 the와 결합한 것일까?

A (Case 1)에서는 Michael Bolton의 'Love is a wonderful thing!' (사랑은 위대한 거야!)이나 Celine Dion의 'The power of love' (사랑의 힘)와 같은 사랑 타령가에서 우리가 흔히 접할 수 있는 문맥, 즉, 일반적인 의미에서의 사랑을 말하고 있다. 우리네 버전으로는 '사랑은 언제나 오래 참고~ ♬ 사랑은 언제나 온유하며~♬'가 있겠다. 이 모든 노래 속의 사랑과는 달리, (Case 2)에서는 일반적인 의미에서의 사랑을 말하고 있는 것이 아니라, 구체적으로 딱! 꼬집어서 '그의 어머니의 사랑'(the love of his mother) 혹은 '신의 사랑'(the love of God)을 말하고 있기 때문에 구체적인 무언가를 지칭하는 정관사와 함께 쓰인 'the love'가 된다.

CHAPTER 4 ABSTRACT NOUNS

아선생님! 질문이요!!
그렇다면, 정녕 **Love**란 단어는
하나, 둘, 절대로 셀 수가 없는 건가요?

Again, 정답은 It all depends on context! (문맥에 따라 달라집니다!)
대부분의 문맥 속에서 love는 불가산 명사화되어 쓰이지만, 때로는 love도 셀 수가 있지요. 바로 다음과 같은 문맥 속에서는...

Brenda	How many real loves do you think you can find in this lifetime?
Tammy	Why are you asking me such a question?
Brenda	I just thought about that out of the blue.
Tammy	Well, I think we only get two. You know, one feels like too few, and three feels like too many.
Brenda	That doesn't make any sense to me. I strongly believe there is only one true love in a person's life.
Tammy	Well, then, you're not going to have any more love for the rest of your life, I guess. Don't you remember you just broke up with your true love?
Brenda	Say no more! He's history!

Brenda	일생에 진정한 사랑이 몇 번이나 찾아올 것 같니?
Tammy	그런 질문은 왜 해?
Brenda	그냥 갑자기 생각이 나서.
Tammy	난 두 명뿐 일 것 같아. 하나는 너무 적고, 셋은 너무 많게 느껴져.
Brenda	그건 말이 안 된다고 생각해. 난 한 사람의 일생 딱 한 번의 사랑만 찾아온다고 굳게 믿어.
Tammy	그럼, 넌 남은 여생 더 이상의 사랑이 찾아오지 않겠네. 너의 진실한 사랑과 막 헤어진 거 기억 안 나?
Brenda	더 이상 그 얘기는 하지 마! 그는 과거일 뿐!

이번 경우는, (Case 1)과 (Case 2)와는 달리, 문맥 속에서 love는 '사랑하는 사람'의 의미로 쓰이고 있기 때문에 하나, 둘 셈이 가능한 가산 명사로 쓰일 수 있다. 다시 한번, 관사를 공부할 때는 무조건 외우기보다는 그 관사가 함께 쓰인 단어가 문맥 속에서 어떤 의미로 쓰이고 있는지를 이해하는 것이 무엇보다 중요하다고 할 수 있겠다. 이렇게 같은 단어라도 다양한 문맥을 통해서 제각각 다른 관사 사용의 느낌을 이해하는 과정을 충분히 반복하는 것이 바로 아선생이 누차 말하고 있는 문법 사용에 대한 직감을 키우는 훈련이라고 보시면 된다. 자, 그럼 일상생활에서 가장 흔하게 쓰이는 추상 명사들을 몇 가지 골라서 그 훈련을 시작해봅시다~ 우선, 삶이란, 인생이란 무엇인지를 세계인들과 논하고 싶으시다면, 그 전에 삶과 인생(life)은 관사의 쓰임이 어떻게 되는지부터 한번 생각을 해 봐야겠죠?

CASE 1

Mr. Kim Who said life is beautiful?

Eric What's eating you, man?

Mr. Kim I have a master's degree in TESOL and have studied English for more than 20 years. On top of that, I know how to approach English as a second language. However, Mark, who did not even major in English, is getting paid more than I am, just because of the fact that he's a native speaker. Why is life so unfair?

Eric Well, that's life! You know, sometimes, life stinks!

Mr. Kim But you know what? Even though life turns its back on me, I'm never going to give up! I'll get better student evaluations all the time and show everyone that I'm a better English teacher than most of the native speakers. Wish me luck, my friend!

김씨 누가 인생이 아름답다고 했지?

Eric 뭐 짜증나는 일이라도 있어?

김씨 난 TESOL(Teaching English to Speakers of Other Languages) 석사학위도 있고 영어를 20년 이상 공부했어. 게다가 난 영어를 외국어로 접근하는 방식을 안다고. 그런데도, 단지 네이티브 스피커라는 이유만으로 Mark가 나보다 월급을 더 많이 받아. 인생은 왜 이렇게 불공평한 거야?

Eric 그러게, 그게 인생이야. 알잖아, 가끔은 인생이 쓰다는 걸.

김씨 하지만 그거 알아? 비록 삶이 내게 등돌릴지라도, 난 결코 포기하지 않을 거야! 학생들에게서 강의 평가서를 항상 더 잘 받아내서 내가 대부분의 네이티브 스피커들보다 영어를 더 잘 가르친다는 사실을 모두에게 보여 주고야 말 거야! 행운을 빌어 줘, 친구!

위의 문맥 속에서 life는 하나둘 셀 수도 없고 잡히지도 않는 삶/인생을 논하고 있다. 이렇게 셀 수 없는 추상 명사이기에 a/an은 끼워 주지 않으며, 또한 구체적인 '누군가의 삶'을 말하지 않고 일반적인 의미에서의 삶 또는 인생을 논하고 있기 때문에 the 역시 낄 자리가 없다. 즉, 가

장 일반적인 형태의 추상 명사와 관사의 결합인 무관사 용법을 보인다. 아선생이 앞서 보여드린 love의 (Case 1)과 똑같은 용례라고 보시면 되겠다. 독자님들에 대한 서비스 차원에서 우리말에서 이와 유사한 문맥을 하나 찾아드리자면, 그 옛날 아선생이 코흘리개 아이였던 그때 그 시절, TV만 틀면 나오던 바로 그 노래!

♬인생은 미완성~ 쓰다가 마는 편지! 그래도 우리는 곱게 써가야 해.
♬인생은 미완성~ 그리다 마는 그림! 그래도 우리는 아름답게 그려야 해.
♪인생은 미완성~ 새기다 마는 조각! 그래도 우리는 곱게 새겨야 해.

이렇게 '삶이란', 또는 '인생이란'을 논할 때 쓰이는 life는 무관사!!

CASE 2

Johnny I'm taking a Cultural Anthropology class this semester and am required to submit a term paper about **the life** of North Korean people. Do you know anybody who's from North Korea?

Jung-il To tell the truth, I happen to be a defector from North Korea.

Johnny Is that a fact? I didn't know that you had defected from North Korea.

Jung-il Gosh, **the life** in North Korea was a nightmare to me! I don't know anything about **the life** of the upper classes there, though.

Johnny 내가 이번 학기에 문화 인류학을 수강하는데, 북한 사람들의 삶에 대한 학기말 리포트를 제출해야 해. 혹시 북한 출신인 아는 사람 있니?
정일 사실은, 내가 탈북자란다.
Johnny 그게 사실이야? 난 네가 탈북한 줄은 몰랐어.
정일 아휴, 북한에서의 삶은 내겐 악몽이었어! 하지만 그곳의 상류층 사람들의 삶에 대해선 나도 잘 몰라.

위의 문맥 속에서는 (Case 1)과는 달리 life가 끈질기게 정관사 the를 대동하고 있다. 왜냐하면, 이 문맥 속에서 life는 (Case 1)에서처럼 일반적인 모두의 삶/인생을 말하는 것이 아니라, '**the** life of North Korean people'(북한 사람들의 삶), '**the** life in North Korea'(북한에서의 삶), '**the** life of the upper classes there'(그곳 상류층 사람들의 삶)과 같이 특정적이고 구체적인 삶을 지칭하고 있기 때문이다.

CASE 3

Amy Geez, you look blue. What's going on?

Julia My great-grandfather passed away.

Amy Oh, no! I'm so sorry to hear that. Wasn't he ninety something?

Julia Yeah, he was ninety-seven when he died, and I know that he lived **a** long life... but what bothers me is the fact that he lived **a** really tough life.

Amy	야, 너 우울해 보인다. 무슨 일 있니?
Julia	내 증조할아버지께서 돌아가셨어.
Amy	오~노! 뭐라고 위로를 해야 할지. 연세가 아흔 몇이 아니셨니?
Julia	맞아, 돌아가셨을 때 아흔일곱이셨어, 장수하시긴 했지. 근데, 내가 우울한 이유는 당신께서 정말 힘든 삶을 사시다 가셨기 때문이야.

여기서는 life가 Julia의 증조할아버지께서 사신 일생(一生)을 지칭하므로, 하나의 삶을 뜻하는 **a** life가 맞다. 그리하여, a long life(장수), a short life(짧은 생), a comfortable life(편안한 삶), a tough life(힘든 삶) 등의 표현이 나올 수 있다. 이 밖에도 life가 '생명'의 의미로 쓰일 때는 다음과 같이 추상 명사가 아니라 가산 명사로 쓰인다:

- How many lives have been lost in the Iraq war so far?
  이라크 전쟁에서 지금까지 얼마나 많은 생명을 잃었지?

- Tarzan argued that he had killed the lion in order to save the lives of many other animals in the jungle.
  타잔은 정글에 사는 다른 많은 동물의 생명을 구하기 위해서 그 사자를 죽였다고 주장했다.

자, 지금까지 독자님께서는 이 아선생과 함께 대표적인 추상 명사인 사랑(Love)과 삶(Life)이 문맥에 따라 어떻게 무관사(zero article: Case 1), 정관사(the: Case 2), 부정관사(a/an: Case 3)를 골라가며 취하는지를 살펴보셨다. 아이스크림만 골라 먹는 재미가 있는 것이 아니다. 영어의 관사 또한 같은 단어라도 문맥에 따라 골라 먹는 재미가 있다는 사실, 다시금 상기시켜 주시면서~ 아선생은 보너스로 다른 추상 명사 하나만 더 골라서 위의 (Case 1), (Case 2), (Case 3)과 각기 같은 관사의 쓰임새를 하나하나 나열해 드릴 터이니, 이번에는 아선생의 구구절절한 설명 없이도 이해하도록 해 보자. 자 자, 조금만 더 힘을 내시자는 의미에서 POWER(힘)!!!!

CASE 1 & CASE 2

Avis Did you see the news last night? John McCain lost the presidential election, which means Barack Obama is our next president!

Ah-young Yes, I did. Wasn't that incredible?

Avis Oh, yes! I was so overwhelmed that I couldn't fall asleep. How did Korean people take the news?

Ah-young Most Koreans found it pretty inspiring as well. Anything and everything seems possible now! I believe Obama's victory in the presidential election has completely changed the perception of the United States in the rest of the world.

Avis I sincerely hope so. I personally think our current president tends to abuse power, and it's definitely time for a change.

Ah-young What do you think is the biggest reason that Americans voted for Obama?

Avis Hmm… It's not an easy question to answer, but I think it's because he has the power of capturing and holding the attention of his audience.

Avis 어젯밤에 뉴스 봤어? John McCain이 대통령 선거에서 떨어졌어, 그건 Barack Obama가 우리의 다음 대통령이 된다는 거지!

아영 나도 봤어. 정말 놀랍지 않았니?

Avis 정말 그래! 난 너무 가슴이 떨려서 잠을 이룰 수가 없었어. 한국인들은 그 뉴스를 어떻게 받아들였니?

아영 대부분의 한국인도 그 소식에 설레했어. 이젠 뭐든지 가능할 것 같아! 난 이번 대통령 선거에서 Obama의 승리가 미국에 대한 세계 사람들의 인식을 완전히 바꾸었다고 믿어.

Avis 난 정말 그렇게 되길 바란다. 내 개인적인 생각으로는 지금 현 대통령이 권력을 남용하는 경향이 있는 것 같아. 지금은 정말 변화가 필요한 시기야.

아영 미국인들이 Obama를 뽑은 가장 큰 이유가 뭐라고 생각해?

Avis 음… 정말 쉽지 않은 질문인데, 내 생각엔 그가 청중을 사로잡고 매료시키는 힘을 가졌기 때문인 것 같아.

앞의 대화에서 첫 번째 power는 일반적인 의미에서의 '권력'이라는 뜻으로 쓰였으므로 love & life의 (Case 1)과 똑같은 용례, 즉 무관사 용법으로 보시면 된다. 두 번째 power는 구체적인 힘, 그러니까 '청중을 사로잡고 매료시키는 바로 그 힘'을 말하고 있기 때문에 love & life의 (Case 2)와 똑같은 용례, 즉 'the + 추상 명사'가 된다.

CASE 3

Christopher What are you reading, dude?
Clark Adventures of Superman. It's a comic book.
Christopher So, what are Superman's powers?
Clark I don't know exactly how many powers he has. All I can tell you is he can fly and is faster than a bullet. Oh, he can lift super heavy things to the point that he can move the earth.
Christopher Wow, that's so cool! By the way, how did he lose that many powers in the end?
Clark I'm still reading the beginning part of the book. I'll let you know when I figure it out.

Christopher 뭐 읽고 있어, 친구?
Clark 슈퍼맨의 모험. 만화책이야.
Christopher 그래서, 슈퍼맨이 어떤 능력들을 가지고 있지?
Clark 난 그가 정확히 몇 가지 능력을 가지고 있는지는 몰라. 내가 말해 줄 수 있는 건 그는 날 수가 있고, 또 총알보다 빠르다는 것. 아, 엄청나게 무거운 것들도 들 수 있지, 지구를 옮길 수 있을 정도니 말야.
Christopher 우와, 정말 멋지다! 근데 그렇게 많은 능력들을 나중에는 어떻게 잃어버리지?
Clark 아직 책 초반부를 읽고 있어. 내가 발견하면 너한테도 알려줄게.

앞의 문맥 속에서 power라는 것은 구체적인 어떤 능력을 말한다. 다시 말해, '하늘을 날 수 있는 능력'이나 '지구를 옮길 수 있는 능력' 등과 같이 '슈퍼맨이 가진 구체적인 능력' 하나하나를 지칭하기 때문에 하나 둘 셀 수가 있는 가산 명사로 쓰이고 있다.

힘을 내셨으면, 이번에는 독자님들이 복 많이 받으시라는 의미에서, Luck(행운, 복, 운)!!

CASE 1

Maggie I've got butterflies in my stomach! I'm taking the GRE tomorrow.
Tom No worries! You're gonna be fine. I believe in you!
Maggie I don't know. If it's the GRE, I'm usually out of luck.
Tom Trust me, Maggie. You've been preparing for this exam for such a long time. You're gonna be in luck this time!
Maggie Can you please wish me luck?
Tom Sure! Good luck to you, my friend!

Maggie 나 떨려 죽겠어! 나 내일 GRE(미국 대학원 입학시험)를 봐.
Tom 걱정 마! 넌 괜찮을 거야. 난 널 믿어!
Maggie 모르겠어. GRE 시험에 관한 한, 난 운이 없는 것 같아.
Tom 내 말 믿어, Maggie. 넌 오랫동안 이 시험을 준비해 왔어. 이번엔 행운이 함께할 거야.
Maggie 내게 행운을 빌어 줄래?
Tom 물론이지! 행운이 함께하길 바란다, 내 친구!

CASE 2

Amanda Guess what?
Aiden   What? I'm all ears[1]!
Amanda I went to the movies last night with Laurel, and you know who I saw there? I had **the luck** to see Jim Carrey there!
Aiden   Oh, you're so lucky!

1. I'm all ears!: 듣고 있어!

Amanda 그거 알아?
Aiden   뭐? 듣고 있으니 말해봐.
Amanda 어젯밤에 Laurel하고 영화를 보러 갔었는데, 내가 거기서 누굴 본지 아니? 거기서 운 좋게도 Jim Carrey 를 봤다니까!
Aiden   오우, 너 정말 운 좋다!

(Case 1)에서 luck은 '행운을 빌어'(Good luck to you!) '운이 없다/있다'(I'm out of luck./You're gonna be in luck!)처럼 일반적인 의미에서의 행운/운을 말하고 있음. 고로 무관사! 이와는 달리, (Case 2)에서는 luck이 구체적으로 딱 꼬집어서 'Jim Carrey를 만날 수 있었던 바로 그 행운', 즉 구체적인 사례를 말하고 있음. 고로 정관사 the와 함께! 그러니까, 추상명사이든, 물질명사든, 고유명사든, 집합 명사이든, 보통 명사든, 그 어떤 종류의 명사라도 'the'와 함께라면~ 딱 꼬집어서 구체적인 무언가를 나타낸다는 사실! 이제는 검은 머리 파뿌리가 되도록 기억하실 것이라 믿습니다!!

CHAPTER 5

우리는 하나!
(여러 개가 모여
하나가 되는 집합 명사)

COLLECTIVE NOUNS

<Chapter 2>에서 보신 바와 같이 'vocabulary'(어휘)라는 단어는 아무리 많은 'words'를 가지고 있어도 'a vocabulary'라고 쓰이는 집합 명사▶이다. 이 장에서는 이렇게 여러 개가 모여서 하나가 되는 집합 명사에 대해 알아보기로 하자. 우선은 꽃보다 아름답다고 하는 '사람'이 하나둘 모여서 이루는 집합 명사들부터 집합시켜보자. 집합~!

▶ Vocabulary가 '어휘력'이라는 의미를 가진 문맥 속에서는 추상 명사로 쓰여, 불가산 명사로도 쓰인다. 혹시 기억이 안 나시면, 42~43페이지 참고!

- **Family** (가족: 여러 명이 모여서 한 가족을 이루니 집합 명사)
- **Team** (팀: 여러 사람이 모여서 한 팀을 이루니 집합 명사)
- **Faculty** (교수진: 여러 명의 교수가 모여서 하나의 교수단/교수진을 이루니 집합 명사)
- **Staff** (전체 직원: 한 사람의 직원이 아니라 전체 직원을 말하는 집합 명사)
- **Committee** (위원회: 여러 명의 위원이 모여 하나의 위원회를 결성하니 집합 명사. 참고로 개개인의 위원은 'a committee member')
- **Jury** (배심원단: 여러 명의 배심원이 모여서 하나의 배심원단을 이루니 집합 명사. 참고로 개개인의 배심원은 'a juror')
- **Audience** (청중: 여러 명의 관객이 모여 한 무리의 청중을 이루니 집합 명사)
- **Gang** (갱단: 여러 명의 폭력배가 모여 하나의 갱단을 조직하니 집합 명사. 참고로 개개인의 폭력배는 'a gangster')

이들 단어들을 미국인들은 모두 하나의 Unit(단위)으로 보며, 그래서 '하나의~'를 뜻하는 관사 'a'를 붙이고 동사 또한 'is', 'has' 등과 같이 항상 단수형 동사를 취한다. 자, 여기서 아선생이 구태여 **'미국'**을 강조하는 이유는, 영국인들은 이와 달리, 이 단어들 뒤에 단수형 동사와 복수형 동사를 모두 사용하기 때문이다. 이 경우, 단수 동사를 쓸 때와 복수 동사를 쓸 때의 차이를, 한국의 영문법 교실에서는 '집합 명사'와 '군집 명사'로 나누어서 가르친다. 말하자면, 이들 명사를 하나의 Unit으로 볼 때는 단수로 취급하고(집합 명사 용법), 그 집단을 이루는 개개인을 모두 이야기할 때는 복수로 취급한다(군집 명사 용법)는 말인데… 이 군대 용어도 아닌, 집합이니 군집이니 하는 문법 용어들이 헷갈리시는 분들을 위해 아선생이 깔끔하게 예문으로 구분해드리자면…

CASE 1

Our **team is** going to be the winner! 우리 팀이 승자가 될 거야!

CASE 2

Our team are full of energy! 우리 팀은 열정으로 가득 차있어!

똑같은 team이란 단어가 (Case 1)에서는 단수형 동사(**is**)를, (Case 2)에서는 복수형 동사(**are**)를 취하고 있다. 이유인즉, (Case 1)에서는 team이 하나의 단위(Unit)로 쓰였기 때문에 단수 취급하며, 이것이 바로 집합 명사 용법이다. 반면, (Case 2)의 문맥 속에서는 하나의 단위로서의 team을 말하는 것이 아니라, team member들 개개인의 상태/감정을 모두 통틀어 말하고 있기 때문에 복수 취급하며, 이것이 바로 군집 명사 용법이다. 언더스탠드??

지금까지 아선생이 금쪽같은 시간을 할애하여 예문까지 제시하면서 설명해 드린 집합 명사와 군집 명사의 차이는, **그러나 미국에서는 씨알도 안 먹히는 소리다.**

다시 말해, 이는 영국식 영어이지, 미국식 영어는 아니라는 말이다. 현대 미국 영어에서 위의 단어들은 모두 단수 취급되고 있으며, 그것은 미국과 FTA를 맺은 캐나다의 영어에서도 마찬가지이다. (단, family는 예외! family는 미국에서도 복수형 동사를 취하는 지방이 드물지만 존재한다.) 우리가 지금 영어(英語)를 배우지 미어(美語)를 배우냐며, 따지시는 독자분들이 혹시라도 계신다면 일단 사과드린다. 꾸벅~ 하지만 이미 여러 번 말씀드린 바와 같이 아선생이 영어를 가르치며 살고 있는 이곳은 미국 플로리다 주! 고로 영국 영어를 가르치는 데에는 한계가 있을 수밖에 없음을 깨끗하게 인정하고, 이 책에서 다루는 문법들은 현대 미국에서 쓰는 영어를 기준으로 함을 다시 한번 밝혀드리는 바이다. 자 그럼, 영국말을 못 하면 미국말이라도 잘해 보자고 다짐하면서, 미국인들은 위의 단어들을 어떻게 써먹는지 관찰해 보자.

Christi What is the number of children in **an** average Korean **family**?

Ah-young I have no idea, but I guess either one or two?

Christi In **each family**? Is that it?

Ah-young Yes. A lot of young couples in Korea don't want to have more than one kid these days.

Christi I don't think it's a good idea to have only one kid. I actually read an article about the "Only Child Syndrome" yesterday, and it was more serious than I had thought.

Ah-young That sounds like a biased view. I strongly believe we should stop stereotyping people like that. My best friend, Mi-ae, is an only child, but I've never seen such a giving person like her.

Christi I'm sorry, but I didn't mean to offend you or anything. It's just that my **family has** five children, and I really enjoyed my childhood with my siblings. At that time, we did everything together. We were **a team**, and our **team was** full of energy!

Christi 보통의 한국 가정에 아이들이 몇 명이나 되니?
아영 잘 모르겠지만, 하나 아니면 둘?
Christi 한 가정에? 그게 다야?
아영 응. 한국의 많은 젊은 부부들이 요즘 아이를 하나 이상 갖기 싫어해.
Christi 아이를 하나만 갖는다는 건 좋지 않은 생각인 것 같아. 실은 어제 "외동들의 문제점"에 관한 기사를 하나 읽었는데, 내가 생각했던 것보다 더 심각하더라고.
아영 그건 편견 어린 시각인 것 같아. 난, 우리가 사람들을 그런 식으로 정형화하는 거 정말 그만해야 된다고 생각해. 나랑 제일 친한 친구, 미애는 외동이지만, 난 걔처럼 다른 사람에게 많이 베푸는 아이를 본 적이 없어.
Christi 미안해. 그렇지만 난 널 화나게 하거나 할 생각은 없었어. 단지 우리 가족은 다섯 명의 아이들이 있는데, 내 형제자매들과 어린 시절을 정말 즐겁게 보내서 좋았거든. 그때 우린 모든 걸 함께 했어. 우리는 한 팀이었고, 우리 팀은 항상 에너지로 가득했어!

아무리 형제자매가 많아도 가족은 하나, 고로 **a** family이며 단수형 동사를 받는다. 멤버는 여러 명이지만 우리는 한 팀! 고로, **a** team이고 동사도 단수 동사! 참고로, Christi의 마지막 문장을 바로 앞의 (Case 2)와 같이 'Our team **were** full of energy!' 해 버리면 미국 영어에서는 무척 어색하게 들린다.

Faculty Member	Our school has **an** excellent faculty.
Prospective Student	How **is** the faculty of the Biochemistry Department here?
Faculty Member	Oh, their teaching staff **is** known for <u>their</u> professionalism.
Prospective Student	Done deal! I'm so applying to this school!
Faculty Member	The Admissions Committee **is** going to review your application form and inform you of their final decision.

교직원 우리 학교는 훌륭한 교수진을 가지고 있습니다.
지원자 이 학교 생화학과 교수진은 어떤가요?
교직원 오우, 그 학과 교수진은 그들의 프로페셔널리즘으로 잘 알려져 있어요.
지원자 결정했어요! 정말로 이 학교에 지원하려고요!
교직원 입학사정위원회가 지원서를 보고 최종 결정을 통보할 겁니다.

많은 교수님도 한 학교, 또는 한 학과에 모이면 '하나의 교수진'을 형성! 고로 **an** excellent faculty이며 동사도 단수형을 취한다. faculty와 같은 말인 teaching staff도 그 쓰임새는 같다. 위의 대화 속에서 주목하실 것은, 집합 명사가 단수 취급이 되더라도 밑줄 친 <u>their</u>에서 보시는 것처럼 복수형 대명사를 받을 수도 있다는 점이다. 이는 그 교직원들 개개인을 모두 부각시키기 위한 장치라고 보실 수 있겠다.

Dewaine I was called for jury duty, and it was a gang fight case.
Damon Are you talking about the incident that happened downtown?
Dewaine Yes. Since two gangs are involved in this case, there was a large audience at the court.
Damon So, how many gangsters in total?
Dewaine Each gang has four members, so eight in total. The final verdict is not delivered yet, but I am under the impression that the jury is on no one's side.

Dewaine 내가 배심원으로 불려갔는데, 갱단 폭력 사건에 관한 것이었어.
Damon 다운타운에서 일어난 그 사건 말하는 거야?
Dewaine 응. 이 사건에 갱단이 두 개나 연루되어 있어서, 법정에 청중들도 많았어.
Damon 그래서 폭력배가 총 몇 명이나 연루된 거야?
Dewaine 각각의 갱단에서 네 명씩, 그러니까 총 여덟 명. 최종 판결은 아직 안 났는데, 배심원단이 누구 편도 안 드는 것 같은 인상을 받고 있어.

구경꾼들이 아무리 많아도 그들은 한 무리의 청중일 뿐, 고로 a large audience이며 동사도 단수형! '큰 형님'을 따르는 무리는 여러 명이지만 조직은 하나, 고로 'Each gang has'와 같이 단수형 동사를 받는다. 여기서 폭력배 조직이 아닌, 그 멤버 개개인을 뜻하는 gangster는 물론 단, 복수가 다 가능한 보통 명사! 마지막으로 여러 명의 배심원이 모여 하나의 배심원단이 되니, 'the jury is'와 같이 단수형 동사를 받는다. 혹시 미국의 배심원 제도에 대해 잘 모르시는 독자님이 계신다면 인터넷 검색으로 직접 찾아보시길... 우리는 참 좋은 세상에 살고 있다! What a wonderful world~ ♪

그런데 위의 단어들과는 달리, 집합 명사이면서 단수형을 하고서도 복수형 동사를 받는 참 특이한 단어가 있다. 그게 뭘까?
경찰이다! 'The Police'

Robert The police **have** finally arrested the imposter.
Josh   Super! By the way, what took them so long?
Robert While the police **were** investigating others, he **took cover**¹ in New York.

1. take cover: 숨다

Robert 경찰이 드디어 그 사기꾼을 체포했어.
Josh   잘 됐다! 근데 왜 그렇게 오래 걸렸지?
Robert 경찰이 다른 이들을 조사할 때, 그 사람이 뉴욕 어딘가에 숨었어.

위의 대화에서 특이점은 'The Police'와 같이 집합 명사가 단수형을 하고 있음에도 불구하고, **'have', 'were'**과 같이 복수형 동사를 취하고 있다는 점이다. 사람들 중에서 특이한 사람을 우리는 '괴짜'라 부르고, 이렇게 문법 사항들 중에서 특이한 사항을 우리는 '예외'라고 부른다. 괴짜든 예외든 간에 이렇게 눈에 확~ 띄게 달라 보이는 것들은 그 존재감을 깊게 한번 느껴 주시고 넘어가자.

이렇게 사람들이 여러 명 모여서 하나의 무리를 이루는 집합 명사를 만드는 것처럼, 동물들 또한 여러 마리가 떼를 지어서 하나의 무리를 형성하기도 한다. 자 그럼, 지금부터는 동물들의 세계로 들어가서 아선생이 내는 집합 명사 퀴즈를 한번 풀어보실까요?

♬우---- 와---- 우--- 와-- 우와 우 와 퀴즈탐험! 신비의 세계!!

A *family*

Birds of a feather flock together.

Quiz 1. 다음의 빈칸에 공통으로 들어갈 '떼/무리'를 의미하는 집합 명사는?

- a _____ of elephants 코끼리 한 무리
- a _____ of giraffes 기린 한 무리
- a _____ of sheep 양 한 무리
- a _____ of horses 말 한 무리
- a _____ of cows 젖소 한 무리
- a _____ of deer 사슴 한 무리
- a _____ of antelopes 영양 한 무리

정답은 herd! 우리가 일반적으로 생각하는 뭍에 사는 많은 동물에 쓰이고 있는 집합 명사다. 사족을 붙이자면, '하나의'를 뜻하는 'a'가 올 수 있다는 것은 복수형으로 'herds of~'라고도 쓸 수 있다는 말!

Quiz 2. 문제는 똑같다.

- a _____ of birds 새 떼 한 무리
- a _____ of seagulls 갈매기 떼 한 무리
- a _____ of ducks 오리 떼 한 무리
- a _____ of geese 기러기 떼 한 무리
- a _____ of chickens 병아리 떼 한 무리
- a _____ of sparrows 참새 떼 한 무리

정답은 flock! 'flock'은 위의 예들에서 보시다시피, 조류의 무리를 가리킬 때 많이 쓰이는 집합 명사! 재미있는 사실은, 이 단어가 '떼 짓다', '모이다'라는 뜻의 동사로도 쓰이는데, 대표적인 예문으로 실생활에서도 많이 쓰이는 속담인, 'Birds of a feather flock together.' (같은 종류의 깃털을 가진 새들끼리 모인다)가 있다. 한국말로는 '끼리끼리 모인다.' 중국말로는 類類相從(유유상종)!

CHAPTER 5 COLLECTIVE NOUNS

Quiz 3. 문제 생략!

• a _____ of fish 물고기 떼 한 무리

• a _____ of whales 고래 떼 한 무리

• a _____ of dolphins 돌고래 떼 한 무리

정답은 school! 여기서 'school'은 학교를 말하는 것이 아니라, 물고기나 고래처럼 물에서 헤엄치고 다니는 동물들의 무리를 뜻하는 단어!

그 밖에도 a colony of ants(개미 떼), a colony of rats/bats(쥐/박쥐 떼), a cluster of bees(벌 떼), a gang of buffaloes(들소 떼), a brood▶ of baby birds(새끼 새들 한 무리) 등 동물과 곤충의 떼를 나타내는 집합 명사들은 많이 있지만, 기본이 되는 위의 세 가지만 이해하고 응용하셔도 다양한 표현을 만드실 수 있을 것이다. 물론 동물의 경우에도 'a'가 붙은 하나의 무리를 뜻하는 단어들은 단수 동사를 받는다. 왜? 집합 명사니까!

▶ 'flock'이 막연한 무리를 나타낸다면, 'brood'는 같은 엄마 배에서 같은 시간에 나온 새끼들의 무리를 나타낸다.

Emily   I had a really weird dream last night. A large school of fish was clustering around me. Does this dream mean anything?

Tim   Are dreams supposed to mean something?

Emily   I believe so. Last year, a colony of bats was trying to attack me in my dream, and I had a minor car accident the next day.

Tim   What a coincidence!

Emily   I don't think it was just a coincidence. I think it was a warning dream.

Tim   By the way, what's that magazine you're always carrying?

Emily   Oh, it's "National Geographic: Deep Sea Dive." I've been reading it a couple of nights before bed time.

Emily   어젯밤에 정말 이상한 꿈을 꿨어. 꿈에 하나의 거대한 물고기 떼가 내 주변에 모여들더라고. 이 꿈이 뭔가를 의미하는 걸까?
Tim   꿈이 뭔가를 의미해야 하는 거니?
Emily   난 그렇게 믿어. 작년에는 한 무리의 박쥐 떼가 날 공격하려는 꿈을 꿨는데, 그다음 날 접촉사고가 났었어.
Tim   그런 우연의 일치가!
Emily   난 그게 그저 우연의 일치라고 생각 안 해. 그건 주의를 주는 꿈이었다고 생각해.
Tim   그건 그렇고, 네가 맨날 들고 다니는 그 잡지는 뭐야?
Emily   '내셔널 지오그래픽: 깊은 바다 편'이야. 이삼일 전부터 잠자리에 들기 전에 읽어.

CHAPTER 5   COLLECTIVE NOUNS

쉬어 가는 페이지 1

아선생의
영어 공부에 도움이 되는
외국어습득이론 1:

배움과 습득

"학문에는 왕도가 없다는 말도 있는데, 죽어라고 문법 공부하고 단어 외우고 하다 보면 어떻게 영어가 되지 않을까요?"

안타깝게도 이 문제에 대해서 일찌감치 Stephen Krashen이라는 이 분야의 저명하신 학자께서 "No!"라고 대답을 하셨다. Krashen은 영어 학습의 과정을 크게 배움(Learning)과 습득(Acquisition)이라는 두 개념으로 분류했다. '배운다' (Learn) 라는 개념은 의식적인 학습 과정을 말하는데, 주로 영어의 형태와 법칙에 초점을 맞춘 학습(문법 공식이나 단어 외우기 등)을 말한다. 그러니까, 한국의 교실에서 이루어지고 있는 거의 모든 형태의 영어 수업은 배움(Learning)에 그 목적을 두고 있다고 보셔도 무방할 것이다. 반면, '습득하다' (Acquire)라는 개념은 영어를 우리들의 입과 몸에 체화시켜 언어로써 사용이 가능하게 함을 말하는데, 이 습득(Acquisition)의 과정은 '메시지를 주고받는 대화' (meaningful interaction) 속에서 이루어진다고 한다. Krashen은 자연스럽고 유창한 대화를 가능하게 하는 것을 오직 습득된(Acquired) 언어만으로 보았고, 또한 배움(Learning)의 과정에서 온 지식들은 자동으로 '습득' (Acquisition)으로 연결되지 않는다는 주장을 펼치면서, 언어교육에 있어 배움보다는 습득의 과정을 더 강조했다.

— VS. —

우리들이 너무나도 힘들게 배우고 공부해온 문법이라 불리는 영어 속에 존재하는 그 수많은 법칙들은 우리가 영어로 뭔가 메시지를 전하고자 할 때 정확하게 지켜지지 않는다. Vocabulary 22,000, 심지어는 33,000 등의 책을 통해 꾸준히 늘려온 어휘력은 적시 적소에 써먹어야 할 상황이 왔을 때 자연스럽게 입에서 튀어나오지 않는다. 기계적이고 반복적인 암기를 통해 너무도 잘 알고는 있지만 자연스러운 사용이 불가능한 영어는 지식으로써 우리의 머릿속에 고이 모셔두었을 뿐 언어로써의 가치를 발휘하지 못한다. 이는 모두 배우기는 했지만 습득하지는 못했기 때문에 벌어지는 현상들이다. 이제 우리의 머릿속에서 지식으로써의 가치만을 가지고 있는 이 영어란 놈을 언어적인 기능까지 겸비한 팔방미인으로 다시 태어나게 하기 위해 배움은 잠시 접어두고 우리도 습득이란 걸 경험해보자.

그럼, 습득은 대체 어떻게 하는 거지? Krashen의 충고를 따르자면, 언어 습득 과정에서의 키워드는 'meaningful interaction in the target language'라고 한다. 구체적으로는 영어로 대화할 때 자신이 전달하려는, 혹은 상대방이 전하고 있는 '메시지'에 주목하면서 '진짜 대화'를 해 봐야만 습득이 가능하다는 말이다. 이를테면, 영어로 말할 때 실수를 안 하려고 자신이 말하는 문법, 혹은 발음에만 과도하게 신경쓰다가 정작 자신이 전하려는 혹은 상대방이 전하고 있는 메시지를 소홀히 해 버린다면 습득과는 거리가 먼 영어 학습이다. 메시지에 주목하면서 영어로 '진짜 대화'를 하다 보면 정확한 표현들이 하나둘씩 자연스럽게 습득이 될 것이니, 용기 있게, 그리고 인내심을 가지고 꾸준~히 습득의 과정을 거쳐보도록 하자.

결국, Krashen은 영어란 놈을 의사소통의 도구로 써봐야지만 그 사용법을 몸으로 익힐 수 있다는 이 간단한 사실을 그의 이론을 통해 우리에게 강조하고 있는 것인데···. 이를 두고 아선생은 학생들에게 다음과 같은 비유를 하곤 한다. 연장이나 도구의 쓰임새를 아무리 외우고 배워 봐야 직접 한 번 써 보는 것만 하겠는가? 여러 번 써 보면서 스스로 더 편하고 더 정확한 자세를 찾아가다가 드디어 그 연장이 손에 익어서 더 이상의 의식적인 노력 없이도 자연스럽고 편히 쓸 수 있게 될 때까지, 우리가 해야 하는 행위는 연장을 최대한 많이 사용해 보는 것이지 연장의 사용법을 읽고 외우는 것이 아니다. 머릿속에서만 완벽한 문법에 관한 지식을 가지고 있지 말고 자신이 말하고 쓰는 문장 속에서도 완벽한 문법을 가지기 위해서 문법을 배움과 더불어 반드시 필요한 습득의 과정을 경험해야 한다는 말씀! 언어 또한 의사소통을 위한 도구이며 연장일 뿐이기에···

이렇듯, 외국어 교육학 분야에서는 영어를 공부해야 할 학문이라기보다는, 의사소통의 도구로 보는 관점에서 접근하기에 수학, 역사, 과학 등의 다른 과목들과는 그 교수법이나 학습법에 크게 차이를 둔다.

지금 이 글을 읽고 있는 독자님의 영어 학습법은 어느 쪽에 가까우신지...?

CHAPTER 6

전치사 하나로
전달하려는 의미가
달라질 수 있을까?

PREPOSITIONS

말이라는 게 '아' 다르고 '어' 다르다는데, 영어에서도 전치사 하나로 문장 전체의 뜻이 달라질 수 있을까? 다시 한번 말씀드리지만, 아선생의 문법 교실은 장황한 문법 설명을 거부한다. 물러가라! 물러가라!! 지금까지 지긋지긋하게도 장기 집권해왔던 장황한 문법 설명과 공식 암기 등의 패거리들이 물러간 그 자리를 다양한 문맥 속에서 살아 숨 쉬는 예문으로 채워 가면서 문법 사용의 직감을 키워 보자! 그럼, 이 장을 시작하는 질문. 다음 세 문장의 차이점이 무엇일까?

CASE 1

Can I get something to write with?

CASE 2

Can I get something to write on?

CASE 3

Can I get something to write about?

위 문장들을 해석해 보자면 모두 다 '뭐 쓸 것 좀 주실래요?' 정도가 되겠으나, 각각의 문장에서 화자가 얻고자(get) 하는 것은 다 다르다. 그 차이점을 설명하면서 정답을 드리는 것은 밥 먹고 영어 가르치는 게 하루 일과인 아선생에게는 앉아서 죽드시기겠으나, 나름의 교육철학으로 인해 바로 답을 드리지는 않겠다. 대신, 다음의 예문들 속에서 with, on, about의 쓰임새를 꼼꼼하게 관찰해 보시고, 독자님 스스로 직감을 키우신 후에, 각각의 Case에서 화자가 'get'하고자 하는 것이 무엇인지를 get 하시기 바란다. You got it? Now, let's make a good guess!

(1) with

- May I fill out the form with a pencil?

  이 서식을 연필로 작성해도 될까요?

- Why don't you cut the paper with scissors?

  그 종이는 가위로 자르는 게 어때요?

- This font size is too small, but I can read it with glasses.

  활자체가 너무 작아. 하지만 안경을 쓰면 읽을 수 있겠어.

Q 앞의 예문들에서는 전치사 'with'가 어떤 쓰임새를 보이는가?
(Case 1)에서 speaker(화자)가 얻고자 하는 것은?

A 위의 모든 예문에서 'with'는 '연필로', '가위로', '안경을 쓰면'과 같이 행위에 필요한 도구들과 함께 쓰였다. 이와 같은 문맥의 (Case 1)에서 화자는 연필이나, 볼펜 등과 같이 쓰는 데 필요한 도구를 얻고자 하는 것이다. 같은 문맥에서 'with' 대신에 'without'을 사용하면 '그 도구가 없이는' 쯤으로 해석될 수 있다.

💬 My granddad cannot read without glasses.

내 할아버지께서는 안경 없이는 글을 못 읽으셔.

(2) on

💬 • Who wrote the words on the whiteboard?

칠판에 저거 쓴 사람 누구야?

• You can draw a picture on this paper.

이 종이 위에 그림을 그리렴.

• I got the author's autograph on the book cover.

그 책 표지에 저자의 사인을 받았어.

• We are on the same page!

우린 서로 같은 생각이야!

Q 위의 예문들에서는 전치사 'on'이 어떤 쓰임새를 보이는가?
(Case 2)에서 speaker(화자)가 얻고자 하는 것은?

A 위의 경우, '칠판에', '종이 위에', '책표지에', 같은 페이지에 등과 같이 어떤 표면 위에 뭔가가 쓰여 있다거나 하는 느낌으로 전치사 'on'이 쓰였다. 마찬가지 문맥의 (Case 2)에서는 화자가 뭔가를 그 위에 (on) 쓸 수 있는 종이를 얻고자 한다고 볼 수 있다.

(3) about

- Today's newspaper is all about the Olympics.
  오늘 신문은 올림픽에 관한 모든 것이 실렸어.

- What is your thesis about?
  너의 논문은 무엇에 관한 거지?

- My presentation is about Korean history.
  제 프레젠테이션은 한국 역사에 관한 것입니다.

Q 위의 예문들에서는 전치사 'about'이 어떤 쓰임새를 보이는가?
(Case 3)에서 speaker(화자)가 얻고자 하는 것은?

A 위의 경우, '올림픽에 관한', '무엇에 관한', '한국 역사에 관한' 등과 같이 어떤 주제와 함께 'about'이 쓰였다. 같은 문맥의 (Case 3)에서 화자는 무엇을 쓸지 그 주제를 물어보고 있는 것이다. 이 문장은 사실, 아선생이 가르치는 Composition Class(작문 시간)에 자유 주제를 주면 어김없이 나오는 한국 학생들의 질문이었던 것이다. 대~한민국의 학생들이여, please be more creative!

아선생님, 질문이요!
그렇다면, 아무 전치사 없이 그냥,
"Can I get something to write?"
이라고 하면 무슨 뜻인가요?

안타깝게도 아무 뜻도 아닐뿐더러, 이는 문법상 틀린 문장이 된다. 그 이유는… 일단 'write'라는 놈이 자동사냐, 타동사냐, 그에 따라서 전치사를 취할 수 있느냐, 없느냐 하는 식의 구시대적 문법 설명은 과감히 생략하겠다. 그런 식의 접근은 일단 골치가 아프고, 무엇보다 우리들의 '공공의 목표'인 '문법의 습득'에는 발톱의 때만큼도 도움이 되지 않을 것이니! 아선생은 이 문장이 그저 그 뜻을 명확하게 전달하지 못하기 때문에 전달하려는 의미를 명확하게 하기 위해서(to clarify the meaning) 전치사가 필요한 것이라는 정도만 말씀드리고 싶다. 화자가 'get'하고자 하는 것이 구체적으로 무엇을 의미하는지, 즉, 볼펜이나 연필 따위의 글 쓰는 도구를 의미하는지(with), 그 위에 뭔가를 적을 종이쪽지를 의미하는지(on), 아니면 무엇에 관해 써야 하는지를 묻는 Topic을 의미하는지(about) 알기 위해서는, 전치사가 꼭 필요하다.

그나마 'write'의 경우, 위의 다양한 문맥들 속에서 어떠한 전치사가 따라붙어도 '쓰다'라는 동사 자체의 뜻은 변하지 않고 있지만, 어떤 동사들은 따라붙는 전치사에 따라서 동사 자체의 의미까지 달라진다. 다시 말해, 따라붙은 전치사가 본동사의 뜻에도 영향을 미친다는 말씀! 그 대표적인 예를 보라(Look)!

CASE 1
What are you looking **at**?

CASE 2
What are you looking **for**?

CASE 3
What are you looking **after**?

CASE 4
What are you looking **into**?

자, 이쯤 해서 위 문장들에 대한 해석과 함께 문법 설명을 기대하셨다면, 독자님은 여전히 아선생의 교육철학을 이해하지 못하고 계시다. 위의 각각의 문장들이 들어간 문맥들을 하나하나 살펴보면서 독자님께서 직접! 스스로!! 혼자 힘으로!!! 찾아보자. 전치사 딱 하나만 빼고 나머지는 다 똑같은 위의 문장들이, 실은 각각 전혀 다르게 해석된다는 사실은 이미 눈치 빠른 독자님께서는 아시고 계실 터이니, 설명은 패스하고 바로 문맥과 예문을 드리면...

CASE 1

Sarah Hey, what are you looking at?
Jen Oh, I'm looking at a flashing ball.
Sarah Flashing ball? But it doesn't flash any light.
Jen When you squeeze it on, it does. Look at this!
Sarah Wow, it really does. This is so cool! How can I turn the light off?
Jen You can just squeeze it off.

Sarah 야, 뭘 보고 있는 거야?
Jen 어, 빛이 반짝반짝하는 장난감 공 보고 있어.
Sarah 빛을 내는 공? 근데 아무 빛도 안 나는데?
Jen 꽉 눌러 주면 불빛이 켜져. 이것 봐!
Sarah 우와, 정말 그러네. 멋지다! 이 불빛을 끄려면 어떻게 해야 하지?
Jen 그냥 꽉 눌러 주면 꺼져.

Q 'Look at'의 의미는?

A 빙고!
독자님께서 아시고 이미 많이들 쓰시는 동사, 'Look'의 의미 그대로 보시면 된다. 말 그대로 '보다'라는 뜻! 이렇게 보다라는 의미를 가진 look의 동의어 및 유사어들도 같은 문맥 속에서는 모두 at을 취한다. 그런 유사어 중에는 peer at(자세히 보다), stare at(응시하다), peep at(엿보다), peek at(살짝 엿보다) 등등이 있다. 보시다시피 모두 '보다'라는 기본적인 뜻을 내포하고 있으므로 (Case 1)의 look과 같은 의미, 같은 문맥에서 사용된다고 보시면 된다. 문맥이 같으니 전치사의 쓰임이 같은 것은 당연지사! Grammar-in-context! 예문 없이 넘어가려니, 약방의 감초가 빠진 느낌이라 딱 한 문장씩만 엿보고 다음으로~

- Ashley peered **at** the face of her sleeping baby for a long time.
  Ashley는 그녀의 잠자는 아기의 얼굴을 오래도록 자세히 들여다보았다.

- Stop staring **at** me! You're embarrassing me.
  나 좀 그만 쳐다봐! 사람 참 당황하게 하네.

- Ms. Sarah! Joshua just peeped **at** the answers in the book!
  Sarah 선생님! Joshua가 지금 책에 있는 답들을 살짝 봤어요!

- Jennifer peeked **at** her next-door neighbor through cracks in the wall.
  Jennifer는 벽에 난 갈라진 틈들 사이로 옆집 사람을 살짝 엿봤다.

그리고!! 기왕에 전치사 공부를 시작하셨으니, (Case 1)의 문맥 속에서 on과 off의 쓰임새도 함께 한번 관찰해 보자. 무언가를 켜고(power on), 끄는(power off) 의미로 흔히 쓰는 전치사 'on'과 'off'를 이용한 표현 중에는 요즘은 초등학생들도 안다는 'turn on', 'turn off', 말고도 위의 대화에서 보시는 것처럼 squeeze it on(꽉 쥐어서 켜), squeeze it off(꽉 쥐어서 꺼), 혹은 twist it on(돌려서 켜), twist it off(돌려서 꺼) 등과 같이 응용된 표현들도 있다는 사실도 서비스로 기억하자. 식당에서 물은 셀프, 아선생 문법 교실에서 문맥 속의 표현은 셀프~

CASE 2

Linda   What are you looking for?
Sylvia I'm looking for my notebook.
Linda   Are you talking about your spiral notebook or laptop?
Sylvia Oh, my spiral notebook, which has a navy-blue front cover. I have a chemistry exam tomorrow, and I took all the notes there.

Linda   뭘 찾고 있니?
Sylvia 내 노트북을 찾고 있어.
Linda   공책 말이야, 아님 컴퓨터 노트북?
Sylvia 어, 진한 파란색 앞표지가 있는 내 공책. 내일 화학 시험이 있는데 거기다 필기를 다 해놨거든.

Q ― 'Look for'의 의미는?

A 무언가를 찾다! (Try to find something) 같은 Look이란 동사가 전치사 'at'이 아닌, 'for'이 따라붙으면 '보다'가 아닌 '찾다'라는 의미로 둔갑한다. 마찬가지로 '찾다'라는 의미를 가진 다른 단어들도 같은 문맥 속에서 'for'이 따라붙는다. 대표적인 예로 'search for'이 있겠다:

💬 I'm searching for my Mr. Right.
내게 딱 맞는 그런 사람을 찾고 있어요.

CASE 3

Jeramiah My uncle is stationed in Honolulu, Hawaii. He told me to live in his place and look after this and that until he comes back to town.

John So, what are you supposed to be looking after?

Jeramiah Simply put, I'm supposed to look after his property.

Jeramiah 내 삼촌이 하와이 호놀룰루에 배치가 되셨어. 나한테 삼촌 댁에서 살면서 삼촌 오실 때까지 이것저것 돌보라고 하셨어.
John 뭘 돌봐야 하는 건데?
Jeramiah 쉽게 말해서, 삼촌 부동산을 관리하는 거야.

Q 위의 문맥 속에서 'Look after'가 무슨 말?

A 'Look after'는 사람이든 사물이든 책임지고 돌본다는 뜻이다. 같은 의미의 동사구로 'take care of'가 있다. 참고로, 'take care of' 역시 'look after'와 마찬가지로 사람과 사물 모두에 쓸 수가 있다.

- Then, who's gonna take care of this baby?
  그렇다면, 누가 이 아기를 돌볼 거지?

- How much does this all cost? - Don't worry about it! I'll take care of it.
  이게 다 얼마야? - 걱정 마, 내가 낼 테니.

CASE 4

Dad   What are you doing with a magnifying glass there? Are you looking into something or what?
Tommy Yes, I am, Dad!
Dad   What are you looking into?
Tommy I'm looking into the theft that happened last night.
Dad   With a magnifying glass? Are you Sherlock Homes or what?

아빠   거기서 돋보기 들고 뭐 하니? 뭔가 조사라도 하는 거니?
Tommy 네, 맞아요, 아빠!
아빠   뭘 조사하는데?
Tommy 어젯밤에 일어난 절도 사건을 조사 중이에요.
아빠   돋보기를 가지고? 네가 셜록 홈스라도 되니?

Q 'Look into'의 의미는?

A 조사하다! 절도 사건(theft)은 눈으로 보는 것이 아니라 조사하는 것이기 때문에 'look at'이 아니라 'look into'가 맞다. 사실, 우리말에도 '이 사건을 가만히 들여다보면~'과 같은 표현이 있듯이 'look into'도 '안을 들여다보다'라고 문자 그대로 해석하기보다는 '조사하다'라는 뜻으로 이해하는 것이 이 문맥 속에서는 더 자연스럽다. 하지만 이 'look into'의 경우는 (Case 4)와는 다른 문맥에서 '보다'라는 의미로 쓰일 때도 있다. 그 예문은, 아선생이 한창 외고에 가보겠다고 설쳐대던 그때 그 시절, 캐나다 출신의 가수, 브라이언 아담스(Bryan Adams)가 부르던 노래 속에서 쉽게 찾을 수 있다.

♬ Look into my eyes~ You will see~ what you mean to me~ ♬
내 눈을 들여다봐요. 그럼 당신이 내게 뭘 의미하는지 알 수 있을 거예요.

CHAPTER 6 PREPOSITIONS

이 가사를 설마 '내 눈을 조사해 봐요~'라고 해석하실 독자님은 없으실 거라 믿고, 위의 노랫말에서 look은 (Case 4) 보다는, 오히려 (Case 1)과 같은 의미로 보실 수 있다. 다만, 브라이언이 여기서 'at' 대신에 'into'를 쓴 이유는 내 눈 속까지 깊숙이~ 들여다봐요~라는 느낌을 강조하기 위해서라고 이해하시면 되겠다. 정리하자면, '~를 보다'는 'look at~', '~안을 들여다보다'는 'look into'!

Carolina	**Look at** this typo in the handout. Who typed this?
Percy	I suppose Maggie did.
Carolina	Where is she?
Percy	Who knows? You might need to **look into** a crystal ball to find out where she is.

Carolina	이 프린트물에 오타 좀 봐. 이거 누가 쳤지?
Percy	Maggie가 한 것 같아.
Carolina	걔 어디 있어?
Percy	누가 알겠어? 걔가 어디 있는지 알아내려면 아마 **수정 구슬** ▶ 안이라도 들여다봐야 할걸.

▶ 서양의 점쟁이들은 점을 칠 때 수정 구슬을 문지른 후 그 안을 들여다보는데, 그 이유는 수정 구슬 속에서 미래를 볼 수 있다고 믿기 때문이다

이 밖에도 전치사 하나로 문장 전체의 뜻이 달라지는 경우는 셀 수조차 없는데... 그렇다고 어디서부터 시작해야 할지 고민하지 마시고, 일단 ~은 전치사 하나로 그 의미가 완전히, completely 반대가 되어버리기 때문에 조심해서 사용해야 하는 것들부터 중점적으로 한번 짚어 보기로 하자. 레디~ 액션!

INTO vs. OUT OF

CASE 1 He just ran into the building. / He just ran out of the building.

그는 막 그 빌딩 안으로 뛰어 들어갔어요. / 그는 막 그 빌딩 밖으로 뛰어나갔어요.

CASE 2 The bus driver helped the woman in a wheel chair into the bus.

버스 기사는 휠체어 탄 그 여자가 버스에 탈 수 있도록 도와주었다.

CASE 3 The bus driver helped the woman in a wheel chair out of the bus.

버스 기사는 휠체어 탄 그 여자가 버스에서 내릴 수 있도록 도와주었다.

위의 네 문장 모두 문맥 속에서 'into'와 'out of'는 '안으로'와 '밖으로'라는 문자 그대로의 의미로 쓰였다. 그런데 이 'into'와 'out of'가 물리적 의미가 아닌, 관념적 의미로 쓰일 때도 있으니…

CASE 1 Kristine convinced her husband into quitting the job.

Kristine은 그녀의 남편이 그 직장을 그만두라고 설득했다.

CASE 2 Kristine convinced her husband out of quitting the job.

Kristine은 그녀의 남편이 그 직장을 그만두지 말라고 설득했다. (남편이 직장을 그만두려는 것을 말렸다.)

사실, 위의 경우는 아선생의 많은 학생이 헷갈려 했던 부분인데 설명을 하면 할수록 더 헷갈려 하는 학생들이 있어서 그림으로 설명을 대신하겠다. Visual Learner들을 위하여~ 위하여!!

Kristine convinced her husband
into quitting the job.

Kristine convinced her husband
out of quitting the job.

그림으로 이해를 하셨는지 확인하는 차원에서 딱~ 하나만 더!

CASE 1 Kristine argued her husband into taking the job.

Kristine은 그녀의 남편에게 그 직장을 잡으라고 설득했다.

CASE 2 Kristine argued her husband out of taking the job.

Kristine은 그녀의 남편에게 그 직장을 잡지 말라고 설득했다. (남편이 그 직장을 잡으려는 것을 말렸다)

참고로, 전치사 'out of'는 다음과 같이 'in'과 대비되기도 한다.

- Sharon was locked in the classroom for two hours.

  Sharon은 교실문이 잠겨서 두 시간 동안 밖으로 나올 수 없었어.

- Sharon was locked out of the classroom for two hours.

  Sharon은 교실문이 잠겨서 두 시간 동안 들어갈 수가 없었어.

FOR vs. AGAINST

CASE 1 Brent voted for George W. Bush.

Brent는 George W. Bush를 뽑았어.

CASE 2 Brent voted against George W. Bush.

Brent는 George W. Bush 말고 다른 사람을 뽑았어.

이 'for'와 'against'는 다음과 같이 함께 쓰이기도 한다.

- Are you for or against George W. Bush?

    당신은 George W. Bush를 좋아합니까, 싫어합니까?

- Are you for or against sexism?

    당신은 성차별주의에 찬성합니까, 반대합니까?

This tomato soup has a week to go. **You have to finish it within a week.**

Ok. But I don't really feel like eating today. **Maybe I'll eat it all in two days.**

IN vs. WITHIN

CASE 1 This project could be done in a month.

이 프로젝트는 한 달 후면 끝날 겁니다.

CASE 2 This project could be done within a month.

이 프로젝트는 한 달 안에는 끝날 겁니다.

특히, 이 'in'과 'within'의 사용은 한국인들이 잘하는 실수인데, 지금은 독자님들께 잘난 척하며 문법을 가르치고 있는 이 아선생도 갓 대학을 졸업하고 한 회사의 해외영업부서에서 근무하던 시절, 똑같은 실수를 한 적이 있다. 미국인 바이어에게 보내는 fax에서 within a week(일주일 이내에)라고 써야 할 것을 in a week(일주일 후에)라고 써버려서 상대방이 우리가 필요한 날짜가 지나서 돈을 지불하여 회사에 큰 누를 끼칠 뻔한 적이 있다. 진짜 억울하게도 단지(!!) 전치사 하나 차이로 말이다! 누가 감히 전치사를 함부로 쓰는가?

CHAPTER 7

생활 영어 속에서 만나는
다양한 전치사 표현들

PREPOSITIONAL IDIOMS

<Chapter 6>가 다소 문법적 요소에 치우친 전치사 수업이었다면 이번 장에서는 실생활에서 많이 쓰이는 표현 중심의 대화와 문맥들을 모아 모아보았다! 독자님께서 아무 전치사나 하나만 골라서 영한사전을 펼쳐보시면 금방 아실 수 있듯이, 이 책에서 아선생이 소개하는 전치사 관련 표현들은 거대한 빙산의 일각(just the tip of a big iceberg!)이라고 할 수 있겠다. 하지만!!! 그 빙산의 일각을 조금씩 맛보면서 점차 직감을 키우다 보면 빙산 전체의 느낌을 알 수 있으리니~ 결론은, 전치사의 사용법을 익힘에서도 관사와 마찬가지로 다양한 문맥과 생생한 예문들을 접하면서 직관력을 기르셔야 한다는 말씀! 그럼, 지금부터 Tour Guide 아선생과 함께 전치사의 사파리(Safari)로 여행을 떠나볼까요? 자, 독자님께서 처음 만나실 전치사는 방향과 함께라면 in!

Amon　Excuse me, sir. I'm trying to get to FSU(Florida State University). Am I on the right bus?
Bus Driver　No, we're going **in** the opposite direction.
Amon　Oh, no. What am I supposed to do?
Bus Driver　You need to get off and catch Bus 24 across the street.
Amon　Thank you, sir.
Bus Driver　No problem!

Amon　실례지만, 지금 플로리다주립대로 가려고 합니다. 제가 지금 버스를 맞게 탄 건가요?
버스 기사　아니에요. 이 버스는 그 반대 방향으로 가는데요.
Amon　어쩌지, 어떡하죠?
버스 기사　일단 내리셔서 길 건너편에서 24번 타시면 됩니다.
Amon　감사합니다, 기사님.
버스 기사　천만에요!

위의 경우와 같이 방향을 나타내는 대부분의 문맥 속에서 네이티브 스피커들은 전치사 in을 쓴다. 조금만 더 보자면…

- **The sun rises in the east. / The sun sets in the west.**
  해는 동쪽에서 뜬다. / 해는 서쪽으로 진다.

- **Are we going in the right direction?**
  우린 지금 올바른 방향으로 가고 있는 걸까?

그런데 아선생이 가르친 많은 한국 학생들은 이러한 문맥에서 하나같이 약속이나 한 듯이 'in'이 아닌 'to'를 사용했었다. ('**to** the opposite direction' 혹은 '**to** the right direction' 등과 같이…) 물론, 이러한 문맥 속에서 'to'는 올바른 전치사가 아니며 또한 네이티브 스피커들의 입장에서

이는 무척이나 어색하게 들리는 전치사 사용이다. 계속되는 학생들의 실수를 접하면서, 아선생은 그 이유에 대해서 곰곰이 생각해 보았고, 이는 방향을 인식하는 두 문화의 차이에서 오는 것이라는 결론을 내리게 되었다. 한국문화권에서 동서남북 등의 방향은 한 지점으로 인식되는 경향이 강하다. 그 결과 자연스럽게 '반대 방향으로' 혹은 '올바른 방향으로' 등의 표현을 쓰게 되고 이 '-으로'에 해당하는 적당한 영어 전치사 'to'를 선택하게 되는 것이다. 반면, 방향(direction)이란 단어를 미국의 영어사전에서 찾아보면 다음과 같이 정의되어 있다: <u>the line</u> along which anything lies, faces, moves, etc. 즉, 미국 문화권에서 방향이란 '그쪽으로 향하고 있는 모든 지점을 연결하고 있는 선(the line)'으로 인식되기 때문에 그 연장선 내(in)에 있는 것이지 그 방향 '쪽으로' (to) 가는 것이 아니라는 결론이 나온다. line이라는 단어가 등장한 김에, 이 'line'과 전치사 'in'이 함께 쓰이는 또 다른 문맥으로 구경 한번 와 보세요.

💬 Are you in line?

지금 줄 서 계신 건가요?

Man   Excuse me, ma'am. Are you trying to **cut in line**[1]?
Woman   No, sir. Actually, I didn't know that you were in line. Sorry about that.

1. cut in line: 새치기하다

남자   실례지만, 아주머니. 지금 새치기하시는 건가요?
여자   아녜요, 아저씨. 사실 난 아저씨가 줄 서 계신지도 몰랐다고요. 미안하게 됐어요.

하지만 'Everyone will come **to** the coffee place.' (모두가 그 카페에 올 거야.) 'I'm on my way **to** the pizza place.' (그 피자집으로 가는 길이야.) 등과 같이 방향(direction/the east/the west/the north/the south)을 제외하고서는 '~으로 향해서 가는 느낌'에서 to를 써야 한다는 사실은 맞다. 이 용법을 쓰는 말 중에서 일상생활 속에서 흔히 들을 수 있는 표현임에도 불구하고 한국 학생들이 많이들 하는 실수를 참고해서 아선생이 심혈을 기울여 장인 정신으로 만들어 본 다음의 대화를 들어 보자.

Dr. Platt	Good morning, everyone! Today, we're going to cover infinitives and gerunds. Please open your book **to** page 11. On page 11, you will find a chart that shows the difference between infinitives and gerunds.
Student	Dr. Platt, there's no chart on page 11.
Dr. Platt	Oh, I'm sorry. It's actually on page 9. Please turn **to** page 9.

Platt 교수 　안녕하세요, 여러분! 오늘은 부정사와 동명사에 대해 공부해 보도록 해요. 자, 우리 책 11쪽을 펴 보세요. 11쪽에 보면 부정사와 동명사의 차이점을 보여 주는 차트를 보실 수 있을 겁니다.
학생　교수님, 11쪽에는 차트가 하나도 없는데요.
Platt 교수　오우, 미안해요. 차트가 9쪽에 있네요. 9쪽으로 가세요.

위의 대화 속에서 'Open your book **to** page 11'의 경우, 덮어져 있는 책을 펼쳐서 페이지를 넘기면서 11쪽으로 향해서 가는 느낌으로 to를 쓴다고 보시면 된다. 'Turn **to** page 9.'도 마찬가지로 페이지를 넘겨서 11쪽에서 9쪽으로 가는 느낌이라 역시 to가 맞다. 하지만 이미 펼쳐져 있는 페이지에서 무언가를 볼 때는 '**on** page 11'처럼 on을 쓴다. Page도 결국엔 종이라 그 종이 위에(on) 무언가가 쓰여 있는 느낌으로 해석하시면 되겠다. 이와 똑같은 전치사 사용으로 미국인들이 평소 무지하게 즐겨 쓰는 말인 'We are **on** the same page.' (동의해/나도 같은 생각이야.)라는 표현이 있다. 다음!

Cynthia   Hey, Erica! I heard you're very good **at** repairing things. Is that right?
Erica   Excuse me, but what was your name again?
Cynthia   Oh, it's Cynthia.
Erica   Oh, Cynthia! Right! I'm so sorry, but I'm terrible **at** names. So, is there anything I can help you with?
Cynthia   Something's wrong with my bike, and I'm bad **at** fixing things.

Cynthia   Hey, Erica! 네가 뭐 고치는 거 굉장히 잘한다고 들었어. 맞아?
Erica   미안한데, 네 이름이 뭐였더라?
Cynthia   오, Cynthia야.
Erica   오, Cynthia! 정말 미안해, 내가 이름 외우는 것 참 못하거든. 그런데 내가 뭐 도울 일이라도 있어?
Cynthia   내 자전거에 뭔가 이상이 생겼는데, 내가 뭐 고치는 걸 잘 못 하거든.

위의 문맥에서 보듯이 전치사 at은 뭔가를 잘한다(excellent **at**, good **at**, etc.), 혹은 못한다(bad **at**, terrible **at**, etc.)라는 표현 등과 함께 쓰인다. 조금만 더 맛보자면:

- Kimberly is excellent **at** cutting curly hair.
  Kimberly는 곱슬머리를 예쁘게 잘 잘라.

- I don't think girls are bad **at** math, and boys are better **at** math.
  난 여학생들이 수학을 못 하고, 남학생들이 수학을 더 잘한다고 생각하지 않아.

Waitress	Here's your soup and salad.
Customer	Thank you. Oh, excuse me, but I'm allergic to cheese. Can I have something else on my salad?
Waitress	Sure, what about **croutons**[1]?
Customer	Sounds great!
Waitress	Anything else? Can I get you something to drink? Tea or coffee?
Customer	Well, I'm afraid I'm a little too sensitive to caffeine. May I have some water instead?
Waitress	Sure! With or without ice?
Customer	With no ice, please.

1. croutons: 기름에 튀긴 식빵 조각

웨이트리스	여기, 샐러드와 수프 나왔습니다.
고객	감사합니다. 그런데 실례지만 제가 치즈 알러지가 있어서요. 샐러드에 다른 것 뿌려 주시면 안 될까요?
웨이트리스	물론이죠, 크루톤은 어떠세요?
고객	좋아요. 감사합니다.
웨이트리스	그 밖에 다른 건요? 마실 것 갖다 드릴까요? 차나 커피 같은?
고객	죄송한데, 제가 카페인에 좀 많이 민감한 편이라서요. 대신 물 좀 주실 수 있으세요?
웨이트리스	물론이죠. 얼음 넣어 드릴까요, 넣지 말까요?
고객	얼음 없이 부탁합니다.

위의 문맥과 같이 '~에 알러지가 있다, ~에 예민/민감하다'는 표현을 쓸 때 'to'를 쓴다. 같은 문맥의 표현을 좀 더 보면:

- **My little boy is allergic to strawberries.**
  내 어린 아들은 딸기에 알러지가 있어.

- **I am extra sensitive to perfume scents. Some perfumes even give me a headache!**
  난 향수 냄새에 많이 민감해. 어떤 향수들은 두통까지 생기게 한다니까!

이 밖에 실생활에 많이 쓰이는 표현으로 전치사 'on'이 들어간 표현들이 있겠다.

Remy Geez, everything's too expensive in this restaurant! I know everything they offer tastes great, but they all **cost an arm and a leg**[1].

Ryan Don't worry about it. **It's on me**[2].

1. cost an arm and a leg: 팔 하나와 다리 하나를 지불할 만큼 비싸다, 지나치게 비싸다
2. It's on me. = I'll pay for it.

Remy 세상에, 이 식당에 있는 건 전부 다 너무 비싸! 전부 다 맛있다고는 알고 있지만, 그래도 지나치게 비싼걸.
Ryan 걱정 마. 내가 낼 테니.

Yong-min Gosh, I couldn't pass the TOEFL again!

Abraham Well, **we are in the same boat**[1].

Yong-min You know what? I don't think the TOEFL test can assess my English ability.

Abraham Neither do I. We are on the same page.

Yong-min By the way, have you decided where to go on vacation? Universal studios or Disney world?

Abraham No, I haven't. **I'm still on the fence**[2].

1. We're in the same boat!: 같은 배를 탔다는 말로 서로 같은 처지에 있다
2. I'm still on the fence.: 울타리나 담장 위에 앉아서 이쪽에도 저쪽에도 속하지 않고 있다, 무언가를 아직 결정 못 했다는 표현

영민 휴, 나 토플 또 패스 못 했어!
Abraham 나도.
영민 그거 알아? 난 토플시험이 내 영어 실력을 제대로 평가한다고 생각하지 않아.
Abraham 나도. 같은 생각이야.
영민 그건 그렇고, 넌 방학 때 어디 놀러 갈지 결정했어? 유니버설 스튜디오 갈 거야? 아님 디즈니월드?
Abraham 아니. 아직 고민 중이야.

CHAPTER 7 PREPOSITIONAL IDIOMS

Shannon	Jenny is such a neat freak! She's been hypersensitive to everything, and I can't take this any more!
Tanya	Come on, I know she's a kind of clean freak, but she's not that bad.
Shannon	What do you mean by that? I thought you were going to be on my side. Don't you think she's too much? Aren't you going to be on my side?
Tanya	Stop acting like a child! I'm not taking your side. Actually, I'm on no one's side.

Shannon Jenny는 정말 결벽증 환자야! 걘 모든 것에 어찌나 예민한 지, 더 이상은 나도 못 참겠어!
Tanya 진정해, 나도 걔가 약간 결벽증이 있다는 건 알지만, 걔가 그렇게까지 심하진 않아.
Shannon 그 말이 무슨 뜻이야? 난 네가 내 편이 되어줄 줄 알았어. 넌 걔가 너무 심하다고 생각 안 해? 내 편이 아니야?
Tanya 애같이 굴지 좀 마! 난 네 편 안 들 거야. 솔직히 아무 편도 안 들 거야.

미국인들은 이렇게 네 편, 내 편, 편 가르기를 할 때도 전치사 'on'을 쓴다.

Ellie   Did you know that some countries drive **on** the right and others on the left?

Jenny   Is that a fact?

Ellie   Yes, it is. I was on a business trip to London, and I was informed that traffic drives **on the left-hand side**[1] of the road in the UK.

Jenny   I wouldn't be able to drive there 'cause I'm so used to driving **on** the right.

---

1. on the left(right)-hand side: 오른쪽, 왼쪽

Ellie   차들이 어떤 나라에서는 우측통행, 어떤 나라에서는 좌측통행을 한다는 사실 알아?
Jenny   정말?
Ellie   그래. 내가 런던에 출장 갔었는데, 영국에서는 차들이 좌측통행을 한다더군.
Jenny   난 거기서 운전을 못 할 것 같아, 왜냐면 우측통행 운전에 너무 익숙해져 있으니까.

아선생님, 질문이요!
위의 대화에서,
'**drive in the right**' 혹은
'**drive in the left**'와 같이
'**on**' 대신 '**in**'을 쓰면 틀린 표현인가요?

대답은 Yes! 틀린 표현입니다. "♫사람들은 왼쪽 길, ♪차나 짐은 오른 길 ♪이쪽저쪽 잘 보고 ♩길을 건너갑시다!"에서와 같은 문맥 속에서는 '**on** the right', '**on** the left', '**on** the right hand side', '**on** the left hand side' 등과 같이 '**on**'이 올바른 전치사 사용이 된다. 하지만 우측통행/좌측통행의 뜻이 아닌, 오른쪽 차선/왼쪽 차선을 말할 때는 lane(차선)이라는 단어와 함께 전치사 '**in**'을 쓴다. 고로 다음과 같은 문맥 속에서는 '**on**'이 아닌, '**in**'이 올바른 전치사 사용이다.

Wife	Where are we headed?
Husband	Home Depot, but we gotta stop by Wal-mart to pick up a stroller.
Wife	Then, you'll need to drive **in the left lane**. Wal-mart is on the left, and you can't turn left from the right lane.
Husband	You're right! Geez, what was I thinking?

아내	지금 어디 가고 있는 거지?
남편	홈디포, 근데 월마트에 들러서 유모차 하나 사야 해.
아내	그렇다면, 왼쪽 차선으로 가야 해. 월마트는 왼쪽에 있는데, 오른쪽 차선에서는 좌회전이 안 돼.
남편	맞아! 참 나, 내 정신 봐.

그 밖에도 'on'이 들어간 표현들은 너무너무 많지만, 이들을 하나하나 일일이 외운다는 것은 재미도 없지만 가능하지도 않다. 그러니, 다음의 예문들을 보면서 그 느낌이라도 한번 잡아보자!

- Office supplies are **on** sale at Target▶.
  사무용품들이 지금 Target에서 세일 중이야.

- My supervisor is **on** vacation now.
  내 직속 상사는 지금 휴가 중이야.

- Stop swearing! You are **on** the air!
  욕 그만 하세요! 지금 방송 중이라고요!

- Oh, my God! This building is **on** fire, and the entire city's firefighters are **on** strike!
  이를 어째! 이 건물이 지금 불타고 있는데, 이 도시의 소방관들이 전부 파업 중이래!

▶ Target: 월마트 비슷한 미국의 대형 슈퍼마켓

Q 위의 문장들 속에서 전치사 'on'은 독자님께 어떤 느낌을 주셨는지? 좋은 느낌?

A 위의 모든 문장 속에서 'on'은 무언가가 진행 중에 있다는 느낌을 주고 있다. 이 느낌 그대로의 문맥 속에서는 주저 없이 'on'을 꺼내어 쓰는 연습을 해보자.

- The pianist played Beethoven's symphony **on the piano**.
  그 피아니스트가 베토벤 교향곡을 피아노로 연주했어.

- According to psychologists, people lie more **on the phone** than by E-mail.
  심리학자들에 따르면, 사람들이 이메일보다는 전화를 통해서 거짓말을 더 잘한다고 한다.

- I'm low **on cash**.
  난 현금이 부족해.

'on' 하나만으로도 이렇게 많은 예문들과 다양한 문맥들이 쏟아져 나오니, 이 책 한 권을 모두 전치사에만 할애해도 모자랄 판이다. 결국 당 부드리고 싶은 말은, 이 책에서 아선생이 몇 가지 전치사를 독자님과 함께 공부한 것과 같은 방법으로, 같은 전치사라도 다양한 문맥 속에서 어떻게 쓰이는지 그 '감'을 키워 나가도록 해야 한다는 것이다. 전치사 관련한 하나의 예문을 대하더라도 '감'을 잡도록 노력하시면서 다양한 문장을 접하시다 보면, 티끌 모아 에베레스트산이 되나니…
이렇게 아선생은 물고기 잡는 법(how to fish) 을 가르쳐 드렸으니, 널리고 널린 그 수많은 물고기를 하나씩 둘씩 잡느냐 마느냐는 이제 독자님의 몫!

CHAPTER 8

무관사 용법은
열심히 공부하면서
무전치사 용법은
왜 무시하는 건가요?

ZERO PREPOSITION

많은 학생이 관사를 공부할 때는 'zero article'이라고 따로 카테고리 지어서 무관사 용법을 집중적으로 파고들면서도, 전치사를 공부할 때는 무전치사 용법을 무시하는 경향이 있다. 하지만 아선생이 실제 수업을 하다 보면 전치사를 붙이지 말아야 할 곳에 전치사를 붙이는 학생들이 허다하여, 이 장에서는 무전치사(zero preposition)의 쓰임새 아닌 쓰임새에 대해 낱낱이 파헤쳐 보도록 하겠다. 팍팍!

아선생이 가르쳐 온 제자들이 해 왔던 가장 흔한 실수로 'discuss about~'을 들 수 있겠다. 'discuss'는 대부분의 문맥 속에서 타동사로 쓰이므로 전치사 없이 바로 목적어를 취해야 한다는 케케묵은 방식의 문법 설명은 잠시 접어 두시고, 좀 더 명쾌하고 깔끔한 방식의 접근을 한번 해보자. 이 'discuss'라는 동사를 영영사전에서 찾아보면 'talk about'이라고 정의되어있다. 그러니 'Let's discuss **about** our plan.'이란 문장은 다른 말로 하면 'Let's talk **about about** our plan.'이라는 말이 되니, 이는 Redundancy(중복)로 우리말에서 '역전앞', '초가집'과 같은 카테고리의 실수가 된다. 한마디로 discuss라는 단어에 about이라는 전치사가 이미 포함되어 있다는 뜻으로 이해하시면 간단하겠다. 비슷한 용례의 다른 단어들을 살펴보자면,

- Enter → Go into
  고로, enter into는 틀린 말

- Approach → Move to/towards
  고로, approach to나 approach towards는 틀린 말

- Resemble → Be similar to/Look like
  고로, resemble to나 resemble like는 틀린 말

그러니까, 'enter'라는 말에 이미 전치사 into가 포함되어 있기 때문에 'Why don't we enter **into** the classroom?'은 'discuss **about**'과 같은 이유로 문법상 틀린 표현이 된다. 마찬가지로, 'approach'라는 말에도 이미 전치사 to가 들어 있기 때문에, 'I tried to approach **to** her about the job.'이라고 하면 틀린 문장이다. 마지막으로 resemble에도 to가 이미 포함되어 있기 때문에 'The child does not resemble **to** his mother.'이라고 하면 땡~ 틀렸습니다! 이 밖에 같은 맥락에서 한국인들이 잘하는 실수 중에서 'marry **with/to**', 'lack **of**'가 있는데 이들 동사도 전치사 없이 써야 맞다:

- Brad married a famous singer.

  Brad는 유명한 가수와 결혼했어.

- Randy lacks communication skills.

  Randy는 사람들과 의사소통하는 기술이 부족해.

BUT!! 'marry'가 '~와 결혼하다'가 아닌 다른 의미로 쓰일 때는 전치사를 취할 수도 있다. 설명 생략하고 예문을 보면:

- Mr. & Mrs. Johnson married off all their daughters.

  Johnson 씨 부부는 그들의 모든 딸들을 결혼시켰다.

- Are you married for love or for money?

  넌 사랑해서 결혼했니, 아님 돈 보고 결혼했니?

이쯤 하면 무전치사 용법의 문법적인 면모를 이해하셨으리라 생각되니, 이제 구체적인 문맥과 함께 생생하게 살아 숨 쉬는 표현들을 맛보자!

Zhao: I really want to enter Harvard, but it seems almost impossible for me to pass the TOEFL.

Ryan: Are you sure English is the only problem you have now?

Zhao: Yup! I'm positive!

Zhao 난 정말 Harvard 대학에 들어가고 싶은데, 내가 토플을 패스한다는 게 거의 불가능한 것 같아.
Ryan 정말 영어만이 지금 네게 유일한 문제라고 생각하니?
Zhao 응! 확실해!

Ryan   Then, why don't you discuss the problem with your English teacher, Roger?

Zhao   Well, that sounds like a plan, but he looks so authoritative, and I really don't know how to approach him.

Ryan   I know what you're talking about, but he is not as severe as he appears.

Zhao   OK, I'll discuss my problem with him. Thanks for the tip.

Ryan   Anytime! That's what friends are for!

Ryan   그렇다면, 너의 영어 선생님인 Roger 선생님과 그 문제를 의논해 보는 게 어때?
Zhao   글쎄, 좋은 생각이긴 한데, 그 선생님이 너무 권위적으로 보여서 내가 어떻게 다가가야 할지 잘 모르겠어.
Ryan   나도 네가 무슨 말 하는지는 알겠는데, 그 선생님이 보이는 것처럼 엄하시지는 않아.
Zhao   그래, 그 선생님과 내 문제를 상의해 볼게. 조언 고마워.
Ryan   언제든지! 우린 친구니까!

Angelina   Will you marry me? I wanna marry you and give birth to a baby who resembles you.

Brad   I'm very fond of you as well, but I don't have enough money to settle down and raise a family now.

Angelina   I don't think you lack money. You just lack passion!

Angelina   나랑 결혼해줄래? 난 너랑 결혼해서 널 닮은 아기를 낳고 싶어.
Brad   나도 네가 참 좋아. 그렇지만, 지금 정착해서 가족을 부양할 만큼의 충분한 돈이 내겐 없어.
Angelina   난 네가 돈이 부족하다고 생각하지 않아. 넌 단지 열정이 부족할 뿐이야!

그런데!!!!!!!!!!!!!!!!!!!!

이렇게 확실하게 전치사를 붙일지 말지를 결정해 주는 동사들이 있는 반면, 영어에는 전치사를 붙여도 되고, 또 안 붙여도 되는 동사들이 존재한다. 그렇다면 아무래도 상관없으니 공부할 필요가 없으시다고? 문제는 붙이고 안 붙였을 때 그 뜻이 달라진다는 데에 있다. 대표적인 경우로는 그 옛날 정말로 믿음이 안 가던 한 전직 대통령께서 잘 쓰시던 동사, '믿~어주세요' (believe)가 있겠다.

Wife	Oh, my God! Why is this room so messy?
Husband	I'm trying to reorganize everything and clean up the place.
Wife	Is everything under control?
Husband	Yup! I've got it handled. Believe me, honey.
Wife	Are you positive? Can you really clean up this mess all alone?
Husband	Hey, I just told you to believe me. Gosh, give me a little credit[1]!

1. Give me a little credit.: 날 좀 믿어 봐

아내	오 마이 갓! 왜 이렇게 방이 지저분해?
남편	이거 전부 다시 정리하고 여기를 깨끗이 청소하려고 해.
아내	이거 전부 네가 할 수 있어?
남편	물론! 내가 다 할 수 있어. 내 말 믿으라고, 여보.
아내	정말 그래? 이 난장판을 정말 혼자서 다 치울 수 있다고?
남편	내가 방금 내 말 믿어 달라고 했잖아. 제발 날 좀 믿어 달라고!

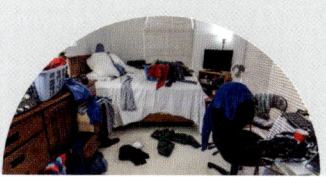

위의 대화 속에서 'Believe me.'는 말 그대로 '내 말 믿어.' 또는 '내가 하는 말은 사실이야.'라는 뜻으로 쓰였다. 'Trust me!'와 같은 의미로 보시면 된다. 같은 의미의 표현으로 'Believe it or not, ~' (믿거나 말거나

가 있다. 그런데 이 believe에 전치사 'in'이 따라붙으면, '~의 존재를 믿다', '~의 능력을 믿다', 혹은 '~의 가치를 믿다'라는 약간 다른 의미가 된다.

CASE 1 ~의 존재를 믿다

Remy   I think there's a ghost in my apartment. I'm horrified! I'm so freaked out! Please do something for me!

Emile   I'm sorry, but there's nothing I can do but pray. Let's pray to God.

Remy   God? I'm afraid that I don't believe in God.

Emile   Excuse me? You believe in ghosts, but you don't believe in God? What kind of nonsense is that?

Remy   내 아파트에 귀신이 있는 것 같아. 무서워 죽겠어! 소름 끼쳐! 날 좀 도와줘!
Emile   미안해, 그렇지만 내가 할 수 있는 건 기도밖에 아무것도 없어. 하느님께 기도하자.
Remy   하느님? 미안하지만, 난 신의 존재를 믿지 않아.
Emile   뭐라고? 넌 귀신의 존재는 믿으면서 신의 존재는 안 믿는다고? 그런 말도 안 되는 소리가 어딨어?

CASE 2 ~의 능력을 믿다

Raziah   Mom, there's a reading assignment, and I don't think I can do this by myself. Can you please give me a hand?

Mom   OK, but let me take a look at it first. Hmm... Raziah, I think you can do this on your own. Why don't you just give it a try first? And if you still can't, I'll help you out.

Raziah   Mom, it looks so difficult for me, though.

Mom   You can do it! I believe in you!

130

Raziah	엄마, 읽기 숙제가 있는데 저 혼자서는 못하겠어요. 좀 도와주실래요?
엄마	오케이, 그렇지만 우선 엄마가 한번 훑어보고. 음... Raziah, 엄마 생각엔 이 정도는 너 혼자 힘으로 충분히 할 수 있을 것 같은데. 우선 혼자 한번 해 보지 그래? 그리고 그래도 못하겠으면 그땐 엄마가 도와줄게.
Raziah	엄마, 하지만 저한테는 너무 어려워 보여요.
엄마	넌 할 수 있어! 난 널 믿어(네 능력을 믿어)!

CASE 3 ~의 가치를 믿다

Faith Greg proposed to me, and I said, "Yes".
Annie But you just got divorced!
Faith My ex-husband and I are not meant for each other, but I still believe in marriage. In any case, let's hope for the best!

Faith Greg가 내게 청혼해서, 수락했어.
Annie 그렇지만, 넌 이혼한 지 얼마 안 됐잖아!
Faith 내 전남편과 난 서로 인연이 아니었지만, 난 여전히 결혼의 가치를 믿어. 어찌 되었건 간에 잘 되길 바라야지!

Intern Thank you for letting me observe your class, Mr. Kott.
Mr. Kott It was my pleasure. I believe in my teaching method and want to share that with many other teachers.

교생 Kott 선생님, 수업 참관하게 해 주셔서 감사합니다.
Mr. Kott 제가 오히려 기쁩니다. 전 제 교수법이 효과 있다고 믿기 때문에, 다른 많은 선생님과 그걸 나누고 싶습니다.

지금까지는 동사를 중심으로 무전치사 용법을 살펴보았는데, 시간을 나타내는 표현들의 경우에도 무전치사 용법이 있다.

CHAPTER 8 ZERO PREPOSITION

그 대표적인 예로, this, that, any, last, next 등이 함께할 때는 전치사를 붙이지 않는다. 이를테면, 'in the morning', 'in the afternoon', 'on Monday', 'on Friday' 등의 표현이 this가 함께하면 전치사 in이고 on이고 다 빠지면서 'this morning', 'this afternoon', 'this Monday', 'this Friday'가 된다는 말. 물론, 'that'도 마찬가지로 전치사 빼고 'that morning', 'that afternoon', 'that Monday', 'that Friday'가 된다. any, last, next도 전부 다~ 마찬가지!!

그럼, 무전치사의 두 번째 용법! 지금부터 헷갈리지 않게 하나씩 하나씩 살아 숨 쉬는 예문과 문맥과 함께 신나고 재미있게 마스터하자!
♬♬Step by step~ Oh baby~ gonna get to you, Pre~position! Step by step~ Oh baby~ really want you in my world~♬♬
한 걸음, 한 걸음씩, 오우 베이베, 네게 다가갈 거야, 전~치사! 한 걸음, 한 걸음씩, 오우 베이베, 네가 내 세계로 들어왔으면 좋겠어.

- New Teacher On the Block

Emma	I'm exhausted! I usually get up at 7:30 **in the morning**, but I needed to get up at 5 **this morning**.
Meg	What for?
Emma	Because I had to turn in my term paper **in the afternoon**.
Meg	So, do you still wanna see me **this afternoon**?
Emma	I'm afraid I can't. Can we make it another day?
Meg	No problem at all! When's the best time for you?
Emma	Let's do it **on** Friday!
Meg	Aren't you usually busy with many things **on** Fridays?

Emma	Not really. I just had a dinner appointment **last** Friday, but I'll be available **next** Friday. In fact, from now on, I'll be available **any** Friday!
Meg	Okie dokie! Then, I'll see you **on** Friday!

Emma	피곤해 죽겠다! 보통 난 7시 반에 일어나는데 오늘 아침에는 5시에 일어나야 했거든.
Meg	뭐 때문에?
Emma	오후에 학기말 리포트를 제출해야 했거든.
Meg	그럼, 오늘 오후에 나 만나는 건?
Emma	미안한데, 오늘은 안 될 것 같아. 다른 날 보면 안 될까?
Meg	전혀 문제없어! 넌 언제가 좋아?
Emma	금요일에 보자!
Meg	너 보통 금요일에 이런저런 일들로 바쁘지 않아?
Emma	안 그래. 지난 금요일엔 그냥 저녁 약속이 하나 있었던 것뿐이야. 하지만 다음 금요일엔 괜찮아. 사실, 지금부터는 언제든 금요일에 나 시간 많아.
Meg	좋았어! 그럼 금요일에 봐!

대화 속에서 보이듯이, 'in the morning', 'in the afternoon'과는 달리 'this morning'과 'this afternoon'은 전치사 in이 없이 무전치사! 이는 this와 that이라는 지시어가 in이라는 시간의 전치사 없이도 그 시간적 의미전달을 충분히 해 주기 때문이다. 마찬가지로, 'on Friday'와는 달리 '**last** Friday', '**next** Friday', '**any** Friday'에서도 전치사 on은 쏙 빠져있다. 이 또한, last, next, any가 시간을 나타내는 전치사가 없이도 그 시간적 의미 전달을 충분히 해 주고 있기 때문이다. 이렇게 더 적은 양의 단어로 똑같은 의미를 전달 할 수 있을 때는 굳이 길~게 안 말하고 짧은 표현을 선택하게 되는 현상은 비단 영어뿐만 아니라 이 세상의 모든 언어 속에서 나타난다. 이는 바로 '언어의 경제성' 때문이다. 경제를 살리자! 살리자!!

아선생님, 질문이요!!

'this', 'that', 'any'의 경우는 모두 다 지시어라 정관사 'the'를 따로 안 붙여도 된다는 건 알겠는데, 'last'와 'next'의 경우에는 'the last', 'the next' 이렇게 관사를 붙이는 표현들을 종종 본 적이 있거든요.
대체 관사를 붙여야 하나요, 말아야 하나요?

정답은, 또다시, Again, 문맥에 따라 달라집니다~

'그냥 next'와 'the next', '그냥 last'와 'the last', 이렇게 작은 차이를 알고 모르고에 따라서, 고급 영어를 쓰는가, 아니면 그저 의사소통만 하는 정도의 영어를 쓰는가 하는 큰 차이를 만든다. 이 작지만 큰 차이를 다음의 문맥 속에서 직접 한번 느껴 보시길… 혹시 그 차이가 문맥 속의 예문들만으로는 아리까리~하신 ▶ 독자님께서는 아선생의 친절한 설명을 참고하시면 되시겠다. 그럼, 친절한 아영씨, 예문 부탁해요!

CASE 1

Shawn I don't know what classes to take next semester. Have you ever attended any of Dr. Chang's classes?

Paul Yes, I have. I took Dr. Chang's civil engineering class in the fall semester, 2007. It was so challenging to me, but I could somehow manage it. Amazingly, I took another civil engineering class the next semester, and I got an A with ease!

Shawn 다음 학기에 무슨 수업을 들어야 할지 모르겠어. 혹시 장교수님 수업 중에 아무거나 들어본 적 있어?
Paul 응, 2007년 가을 학기에 장교수님의 토목공학 수업을 수강했어. 나한테는 무척 어려운 수업이었는데, 그럭저럭 해낼 수 있었어. 놀랍게도, 그다음 학기에 다른 토목 공학 수업을 들었는데, 내가 쉽게 A를 받아낼 수가 있었지!

▶ '알쏭달쏭하다'는 뜻의 전라도 사투리.

Shawn이 말한 'next semester'는 말 그대로 지금을 기점으로 다음 학기를 말하므로 the가 필요 없다. 반면, Paul이 말한 '**the next** semester'는 우리말로도 **그다음** 학기, 즉 지금을 기준으로 한 다음 학기가 아니라, **구체적인 어떤 시점을 기준으로 한 그다음** 학기를 말한다. 다시 말해, 막연~히 그냥 다음 학기가 아니라, 'Paul이 2007년도 가을 학기에 장교수님의 수업을 들었던 학기의 바로 **그다음** 학기'를 말하므로 next를 좀 더 구체화 시켜 주는 the▸가 필요하다.

CASE 2

Brian I'm terribly hungover. I am so quitting drinking this time.

Daniel Do you really mean it?

Brian Of course, I mean it! Give me a little credit!

Daniel Did you already forget what happened at Gina's birthday party? You drank a lot that day, and you said exactly the same thing **the** next morning.

Brian Alright, next time when I party, you'll see a different man!

Brian 숙취 때문에 정말 괴로워. 이번엔 진짜 술 끊는다.
Daniel 너 정말이지?
Brian 물론, 정말이지. 내 말 좀 믿어 줘!
Daniel 너 Gina 생일 파티 때 무슨 일이 있었는지 벌써 잊었어? 그날 너 엄청 마시고, 그다음 날 똑같이 말했었잖아.
Brian 알았어. 다음번에 내가 파티할 때는 넌 달라진 내 모습을 보게 될 거야!

마지막 문장에서 Brian이 'next time'이라고 한 것은 현재를 기점으로 막연히 '다음에 파티할 때는~'이므로 the는 쏙 빠졌다. Daniel이 '**the**

▸ 이 구체화시켜 주는 정관사, the의 용법이 생소하신 분들은 이 책의 Chapter 1과 Chapter 4를 참고하자.

CHAPTER 8 ZERO PREPOSITION

next morning'이라고 한 것은 이와 달리, '내일 아침을 말하는 것이 아니라, 'Brian이 Gina 생일 파티 때 술을 많이 마시고 **바로 그다음 날 아침**'을 말하는 것이므로 next를 좀 더 구체화 시켜 주는 the가 필요하다. 이제 마지막으로, Last~

CASE 1

Jerry   Where were you last night?

Simon   Last night? Oh, I was bored to death and went to Costco.

Jerry   Are you out of your mind? Cathy was waiting for you for an hour last night! She thinks you **stood her up**[1]!

Simon   Oh, my God! I totally forgot about my date with her. Why am I so forgetful and absent-minded?

Jerry   Are you asking me that question?

---

1. stand ~ up: ~를 바람맞히다

Jerry   너 어젯밤에 어디 있었어?
Simon   어젯밤에? 오우, 심심해 죽겠어서 코스트코에 갔었어.
Jerry   너 제정신이야? 어젯밤에 Cathy가 너를 한 시간 동안 기다렸어. 걘 네가 자기를 바람맞혔다고 생각해!
Simon   오 마이 갓! 걔랑 데이트 있었던 것 완전히 까먹고 있었네. 난 왜 이렇게 잘 잊어버리고 정신이 없지?
Jerry   지금 그걸 나한테 묻는 거야?

'last night'는 일상생활에서 너무너무 자주 들을 수 있는 표현! 현재를 기점으로 지금까지의 밤 중에서 가장 마지막 밤이니, 어젯밤! 이렇게 the 없는 next와 last는 그냥 현재를 기점으로 해석하시면 된다. last year(작년에), last month(지난달에), last weekend(지난 주말에), last Wednesday(지난 수요일에) 등과 같이…

CASE 2

Jerry So, how was your trip to Europe? Did you guys have fun there?

Simon It was amazing! Particularly, **the** last night in Paris was fantastic!

Jerry 그래, 유럽 여행은 어땠어? 너네들 거기서 재밌었어?
Simon 끝내줬어! 특히, 파리에서의 마지막 밤은 환상이었지!

(Case 1)과는 달리 (Case 2)에서는 어젯밤을 말하는 것이 아니라 '파리에서의 마지막 밤'을 말하고 있다. 이렇게 구체적으로 딱 꼬집어서 '~의/에서의 마지막 밤'이라고 할 때는 '**the** last night'가 올바른 표현이다. 다른 예를 딱 하나만 더 들어 드리자면, 지난 수업 시간에 뭘 배웠나~할 때는 'last class'! 알퐁스 도데의 마지막 수업은 '**The** Last Class'! 프랑스어 선생님이, 프랑스가 전쟁에서 지는 바람에 당시 독일령이 된 그 지방에서 앞으로는 독일어만 가르치라는 명령이 떨어져서, 프랑스어 수업은 그날이 마지막이라며 가르치던 눈물의 수업! 바로 '그' 마지막 수업은 '**The** Last Class'!

지금껏 아선생이 입이, 아니 손가락이 닳도록 설명한 이 모든 것들을 노래 한 곡에 담아서 가르쳐 주신 두 분의 영어 쌤들이 계신다. 이름하여 Wham! (Ham이 아니다)

♪♪**Last Christmas**, I gave you my heart. But **the** very next day, you gave it away. **This year**, to save me from tears, I'll give it to someone special ~♪♪

(지금을 기점으로) 지난 크리스마스에 난 당신에게 내 마음을 줬지. 근데 바로 **그다음** 날 당신은 그걸 버린 거야. **올해**는 말야, 내가 눈물 안 흘리려고, 그걸 누군가 특별한 사람에게 줄 거야~♪♪

- Wham

Last Christmas,
I gave you my heart.
But the very next day, you gave it away.
This year, to save me from tears,
I'll give it to someone special~

보시다시피, 위의 노래 가사에서 시간을 나타내는 표현들 속에서 전치사가 모두 생략되어있다. 이유인즉, 지금까지 손가락이 발가락이 되도록 설명드린 것처럼, last, next, this 등의 지시사 때문! 만약 이 지시사들이 없었다면, 'on Christmas', 'on the day', 'in the year'과 같이 전치사가 함께 했겠지…

마지막으로, 그 밖에도 한국 학생들이 전치사를 붙이지 말아야 할 곳에 붙이는 단어들로는 **'home, downtown, upstairs, downstairs'** 등이 있다. 미대사관 앞에서 시위하는 사람들이 "양키, Go home!"이라고 하지, "양키, Go to home!"이라고 하지 않는다. 왜 그런지는 지금부터 알아보자.

이들 단어의 특이점은 모두 명사도 될 수 있고 부사도 될 수 있다는 거다. 즉, 'home'은 '집'이라는 뜻의 명사도 되지만, '집으로'라는 뜻의 부사도 되며, 'downtown'은 '도심지'라는 뜻의 명사도 되지만, '도심지에서/도심지로'라는 의미를 가진 부사도 된다. 마찬가지로 'upstairs/downstairs'도 명사로는 '위층/아래층', 부사로는 '위층으로, 위층에서/아래층으로, 아래층에서'라는 뜻이다. 문제는 **이들이 일상적인 대화에서 명사가 아닌 부사로 쓰일 때가 훨씬 더 많기 때문에, 명사 앞에만 붙는 전치사는 안 오는 경우가 대부분**이다.

아선생님, 질문이요! 그렇다면, "**I will go to my home!**", "**I came to my home.**" 등과 같이 전치사를 함께 쓰면서, '나는 '**home**'을 명사로 썼지, 부사로 쓴 게 아니야.'라고 주장하면 안 되나요? 어쨌든 간에, '**home**'은 명사도 되고 부사도 되잖아요.

CHAPTER 8　ZERO PREPOSITION

그런 식으로 주장을 한다면 문법적으로는 옳은 문장이 될 수 있을지는 모르나, 그래도 이 표현들이 네이티브 스피커들의 귀에 무척 어색하게 들린다는 사실은 부정하려야 부정할 수가 없다. 이렇게 문법 지식만으로는 설명이 안 되는 케이스는 아선생은 언어학 이론으로 접근한다. 어떻게? 문법적으로 하면 위의 단어들이 모두 명사도, 또 부사도 될 수 있기 때문에 화자에게는 다음과 같이 두 가지 옵션이 주어진다.

옵션 1: 이 단어들을 명사로 쓰면서 전치사와 관사까지 모두 붙여 긴~문장으로 만들기
옵션 2: 이 단어들을 부사로 쓰면서 전치사, 관사 다 빼고 짧고 간결한 문장으로 만들기

이때, 미국인들은 백이면 백 전부 2번 옵션을 택한다. 왜냐? 더 적은 양의 단어로 똑같은 의미를 전달 할 수 있는데, 왜 굳이 입 아프게 길게 말하겠는가? 이런 경우, 굳이 길게 안 말하고 짧은 표현을 선택하게 되는 현상은 영어뿐만 아니라 이 세상의 모든 언어가 가진 기본적인 속성 중의 하나인 **'언어의 경제성'** 때문이다. 경제를 살리자! 살리자!! 혹시, 어디서 많이 본 설명이 아니신가? 아선생이 133페이지에 썼던 말, 방금 복사해서 갖다 붙였다. 영어로는 copy and paste!

그럼, 질문에 대한 대답을 충분히 한 것으로 믿고, 이제 위의 단어들을 살아있는 문맥 속에서 접해 보자.

Zian   Mom, I'm home!
Raziah   Mom's not home. She went grocery shopping when I came home.
Zian   Got it. So, how was your day, Raziah?
Raziah   Pretty good! You know, my office recently moved downtown, and working downtown is lots of fun!

Zian	I wanna work downtown after graduation as well.
Raziah	The investment firm I'm working for is actually hiring some interns, and I have the information booklets upstairs. Do you wanna check it out?
Zian	Sure! Thanks!
Raziah	No prob[1]! I'll go upstairs and get you the booklets.
Zian	Sweet! Then, I'll rustle up some grub downstairs!

1. No prob. = No problem.

Zian	엄마, 학교 다녀 왔습니다.
Raziah	엄마 집에 안 계셔. 내가 집에 왔을 때 장보러 가셨어.
Zian	알았어. Raziah, 넌 오늘 하루 어땠니?
Raziah	좋았어! 최근에 우리 사무실이 다운타운으로 이전했는데, 다운타운에서 일하는 건 정말 재밌어.
Zian	나도 졸업 후에 다운타운에서 일하고 싶어.
Raziah	실은 내가 일하고 있는 투자회사에서 인턴을 채용하는데, 그에 관한 팸플릿이 위층에 있어. 한번 볼래?
Zian	물론이지! 고마워.
Raziah	천만에! 내가 위층에 가서 너한테 가져다줄게.
Zian	좋아! 난 아래층에서 간단하게 먹을 것을 준비할게.

하지만 'downtown'의 경우, 뒤에 도시 이름이 붙으면 전치사 'in'과 함께 쓰인다:

- This is the list of the major buildings in downtown Chicago.
  이것이 시카고 다운타운에 있는 주요 빌딩 리스트입니다.

- He works for a law firm in downtown Miami.
  그는 마이애미 다운타운에 있는 변호사 사무실에서 일한다.

CHAPTER 8 ZERO PREPOSITION

쉬어 가는 페이지 2

아선생의
영어 공부에 도움이 되는
외국어습득이론 2:
알아들어야 알아먹지!

(쉬어가는 페이지 1에서 계속...)

하지만 그저 메시지를 주고받는 행위(meaningful interaction)로 영어가 습득된다는 사실만으로는 설명되지 않는 수많은 현상을 우리는 끊임없이 경험한다. 아선생은, 미국인 남편을 만나 결혼하고 평생을 미국에서 살면서 미국인들과 수많은 "meaningful interaction"을 경험하고도 남았을 법한 한 노년의 한국 부인을 알고 있는데, 놀랍게도 그녀의 영어 실력은 한국 중학생 정도의 수준밖에 되지 않는다. 미국에서 20년 가까이 세탁소를 하면서 미국인 고객들을 상대로 일해왔다는 한 한인 부부의 사정도 크게 다르지 않았다. 그토록 오랜 세월 미국에서 영어로 대화를 나누며 산 그들이 왜 정확한 Grammar-in-use는 물론, 풍부한 영어표현들조차도 습득하지 못한 것일까?

물론 그들에게도 여러 가지 사정과 이유가 있겠으나, Krashen의 두 가지 언어 습득 이론에서 아선생이 대충 납득할 만한 해답을 찾을 수 있었다. 첫째, Krashen은 meaningful interaction(메시지가 오고 가는 대화)의 과정에서 언어 습득을 가능하게 하는 데에 한 가지 조건을 달았는데 그게 바로 "comprehensible input" (이해 가능한 인풋▶)이다. 예를 들어, 프리토킹 시간에 미국인 강사와 영어로 메시지를 주고받을 때, 그가 쓰는 표현이나 문법을 **습득하기 위해서는 학습자가 그것들을 어느 정도 이해할 수 있어야 한다~**라는 말이다. 바꾸어 말하면, 영어 학습자에게 아무리 많은 양의 영어표현들을 쏟아부어도 그것들을 학습자가 전혀 이해하지 못한다면 그 대부분은 습득으로까지 연결되기가 힘들다는 말씀!

쉬운 이해를 위해 구체적인 사례를 하나 들어 드리자면 영어를 잘하지 못하던 아선생의 한 친구가 미국 버거킹에서 햄버거를 시켰는데, 버거킹 직원이 "For here or to go?"라고 하더란다. 미국에 온 지 얼마 되지 않은 데다가 영어까지 짧은 그는 그 말을 전혀 못 알아듣고 "팔든 미?" (Pardon me?)라며 되물었고 버거킹 직원은 다시금 말했다. "For here or to go?" 이번에는 아주 천천히 또박또박 발음해 주었음에도 불구하고 그는 여전히! 전혀!! 알아들을 수가 없었다. 다행히도 친절했던 그 버거킹 직원은 쉬운 영어 문장으로 천천히 다시 말해(paraphrase) 주었다. "Are you going to eat here, or..." 그제서야 눈치챈 이 친구는 "for here"과 더불어 "to go"라는 뜻까지 단박에 알아차렸고, 자신 있게 큰 소리로 말했다. "For here!!!!" 물론 그 이후로 그는 어느 식당을 가든 그 표현만큼은 이해하고 사용하는 데 아무런 지장이 없다고 한다. 그것은 그 시간 그 자

▶ 언어 교육에서 인풋(input)이란 학습자에게 입력되는 모든 언어 샘플을 뜻한다. 이를테면, 영어 강사가 학습자와의 대화 시에 쓰는 영어 문장들, 학습자에게 들려주는 영어 음성 파일, 또는 학습자가 보는 영어책 등 학습자에게 노출된 모든 형태의 언어 샘플을 학습자에게 입력되는 인풋이라고 보면 된다.

쉬엄쉬엄 해! 영어가 대체 뭐라고 심신을 지치게 하면서까지 공부하냐고? 재미있게 지혜롭게 해 보자고!

Fun

오우~ 노우~ 어느 정도 이해 가능한 내용을 들어야 습득이 되고 실력이 향상된단다.

무조건 영어를 많이 들으면 듣기 실력이 향상되나요??

문에 그 친구는 그 표현을 이해함과 동시에 비로소 습득하게 된 것이다. Krashen의 이론에 따르면, 이는 바로 그 버거킹 직원이 내 친구에게 입력되는 인풋을 이해 가능하게 (comprehensible) 만들어 주었기 때문이다. 적어도 그 상황, 그 순간에서만큼은 그 버거킹 직원은 이 '인풋 이론'을 충실하게 실행한 훌륭한 영어 선생님이었다고 볼 수 있다.

그렇다면, Krashen은 우리에게 무조건 쉽고 이해 가능한 영어만 접하라는 말을 하는 것일까? 독자님께서 만약 그렇게 이해하셨다면, 여기서 퀴즈 하나! 이번에는 아선생의 친구가 그날 "For here or to go?"라는 표현을 이미 알고 있는 상태에서 버거킹에 갔다고 가정해 보자. 그리고 그러한 가정하에 일어날 수 있는 아래의 예상 시나리오를 보시고 다음의 질문에 답해 보시길…

(질문)

아래의 대화 속에서 언어 습득은 일어났을까요? 안 일어났을까요?

버거킹 직원: For here or to go?
중국인 친구: For here, please.
버거킹 직원: $15.
중국인 친구: Here it is.
버거킹 직원: Thanks, Have a nice one!
중국인 친구: Same to you! Bye~

직원: 여기서 드실래요, 싸 가실래요?
친구: 여기서 먹을게요.
직원: 15달러입니다.
친구: 여기요.
직원: 감사합니다. 좋은 하루 되세요!
친구: 그쪽도요. 안녕히 계세요.

리에서 그 표현을 이해함과 동시에 바로 습득해 버렸기 때문이다. 물론 그 표현을 습득할 수 있었던 것은 친구가 몰랐던 표현을 충분히 이해 가능한 인풋으로 전환해 준 버거킹 직원 덕분이라고 볼 수 있겠다.

자, 그럼 여기서 재미있는 가정을 한번 해 보자. 만약 그 버거킹 직원이 다른 말 없이 수십 번을 반복해서 그냥 "For here or to go?"라고 했다고 치자. 그 친구는 그 표현을 알아들을 수 있었을까? 그 이후에 다른 곳에서 어떻게 저떻게 해서 알게 되지는 모르겠으나, 그 시간 그 자리에서 우리 친구는 참으로 난감했을 테다. 왜냐? 전혀 이해할 수 없는 말을 수십 번, 아니 수백 번 반복한다고 한들 알아들을 리가 있겠는가 말이다. 다소 극단적인 예를 들어 보았지만, 바로 여기에 이 Krashen 양반이 하고자 하는 말이 있다. 그것은 **아무리 많은 양의 인풋(input)을 입력해도 학습자가 그것을 상당 부분 이해할 수가 없다면 그 인풋의 대부분은 습득으로 연결되기가 힘들다**는 사실이다. 친절했던 우리의 버거킹 직원이 그 친구에게는 알쏭달쏭했던 "for here"이라는 표현을 "Are you going to eat here?"이라는 초딩들도 이해할 만한 쉬운 표현으로 바꿔 주었기 때

FOR HERE

OR
TO GO?

예상 시나리오를 보니 어떠신가? 그는 이미 다 알고 있는 표현, 즉 벌써부터 습득되어 이미 입에 밴 표현들을 꺼내어 썼을 뿐 그 시간 그 장소에서는 더 이상의 새로운 단어나 표현을 익힐 기회는 없었다고 보인다. 즉, 위의 대화로 인한 언어 습득은 일어나지 않았다는 말이다. 그러니까, 정답은 NO습득! 바꾸어 말하면, 그에게 그 시각 그 상황은 새로운 표현을 습득하며 영어 실력을 향상시킬 수 있는 기회는 아니었던 것이다. 결론은 너무 쉬워도 탈이라는 말!

한마디로 Krashen은 학습자에게 입력되는 인풋이 습득으로까지 연결되게 하려면 너무 어렵지도 그렇다고 **너무 쉽지도 않은, 영어 학습자의 현재 영어 실력보다 약간 위의 난이도**가 되게끔 하라고 말하고 있는 것이다. 아선생은 이를 새로운 아이템을 포함하고 있으면서도 학습자가 전체적인 문맥을 이해할 수 있는 상태라고 보는데, 이 경우 전체적인 문맥을 이해함과 동시에 그 새로운 아이템을 자연스럽게 습득하게 된다는 것이다. 여기서 새로운 아이템이란 새로운 문법 구조일 수도 있고 새로운 단어나 표현일 수도 있겠다. 그것이 무엇이 되었건 간에, Krashen은 이 이상적인 인풋의 난이도를 'i+1' (아이 플러스 원)이라고 칭했다. 여기서 'i'란 인풋을 뜻하며, '1'이란 학습자가 습득할 수 있는 만큼의 새로운 언어 아이템을 의미한다. 그러니까, 새로운 아이템은 '+1' 정도가 적당하다는 말이다.

아선생은 Krashen의 이 이론을 한마디로 영어 학습에서 효과적인 습득을 위해서는 결국 인풋의 난이도를 적절히 조절하라는 말로 이해하고 있다. 현재 학습자의 레벨에서 약간만 더 상위의 난이도의 영어 문법 혹은 표현을 입력하게 되면, 학습자는 그 인풋을 이해함과 동시에 아주 쉽게 습득하게 된다는 말이니, 너무 욕심을 부리면서 자신의 현재 실력보다 지나치게 어려운 책이나 최상급반의 영어 수업만을 고집하면 안 된다. 그것은 고생에 비해 전혀 효율적이지 못한 학습이 될 것이 뻔~하기 때문이다. 그보다는, 학원에서 영어 수업을 신청하거나 서점가에서 영어 교재를 구입할 때, 스스로에게 적절한 난이도를 학습자 스스로 능동적으로, 때론 공격적으로 찾아 나서시라는 말씀을 아선생은 드리고 싶다. 너무 어렵지도, 그렇다고 너무 쉽지도 않은, 바로 그 이상적인 난이도인 자신만의 'i +1'을 말이다. 스스로의 실력을 가장 잘 아는 사람이 바로 학습자 자신 아니겠는가!

이렇게 영어 교육에 있어 꿈의 난이도인 'i + 1'은 학습자와 교육자가 함께 찾아야 할 파랑새이다. 치르치르와 미치르 남매가 집을 떠나 찾아 헤매었던 파랑새(행복)가 실은 그들 가까이에 언제나 함께했던 새였듯이, 영어 실력을 향상시키는 비결 또한 저멀리 있는 것이 아니다. 너무 욕심내지 말고, 너무 멀리만 바라보지 말고, 자신의 실력을 한 단계씩 한 단계씩 (i + 1, 그리고 또 i + 1…) 쌓아가는 것이야말로 진정한 비결이며 영어 실력 향상의 열쇠이다. 'i + 100'이 아니라, 'i + 1'이라는 사실을 독자님께서는 부디 기억하시길…

CHAPTER 9

'To be' or 'Being', that's the question!
(부정사와 동명사)

GERUNDS & INFINITIVES

아름다운 우리말에서는 동사가 명사의 기능을 해야 할 때, 해당 동사의 어간에 접미사 '~기'를 갖다 붙이면 된다. 즉, '가르치다'는 '가르치기', '수영하다'는 '수영하기' 하는 식으로! 영어에서는 이 경우, 동명사(~ing)와 to부정사(to ~), 이렇게 두 가지 옵션이 있다. 이 두 가지 옵션으로 인해, 우리는 영어 공부할 때 많은 문제에 직면하게 된다.

사실 이들이 주어 자리에 올 때는 그 어느 것이든 크게 문제될 것이 없다. 그러니까, "**Teaching** English is my dream job." (영어 가르치는 게 내 꿈의 직업이야.)라고 하나, "**To teach** English is my dream job." (영어 가르치는 게 제 꿈의 직업입니다.)라고 하나, 그 어느 쪽이든 별문제가 없다는 말이다. 하지만 그 차이점을 군~이 따지고 들자면 **동명사는 가볍고 캐주얼한 대화에서 주로 쓰이는 편이며, to부정사는 형식적이고 공식적인 자리에서 주로 쓰인다는 점**이다. 그래서 친구들끼리 하는 일상적인 대화 속에서는 동명사 주어를 압도적으로 많이 듣게 되는 반면, 대통령을 비롯한 정치인들이 하는 연설을 듣다 보면 to부정사가 주어로 많이 쓰이는 현상을 보실 수 있다. 뭐, 어쨌거나 저쨌거나, 엎치나 메치나, 문법적으로는 아무거나 써도 괜찮으니 크게 고민하실 필요 없다.

그. 런!! 데!!! 문제는 이들이 목적어 자리에 올 때 발생하고 만다. 어떤 동사는 동명사만 목적어로 취하는 반면, 또 어떤 동사는 to부정사만 목적어로 취하기 때문에 조심, 또 조심해야 하는 것이다. 아선생이 한창 입시전쟁을 치르던 '그때 그 시절'의 영어 선생님들은 동명사/부정사만을 목적어로 취하는 동사들을 몇 가지 나열해 주시면서 앞글자만 따서 걍! 외우라고 하시었다! 에~휴... 그런 식으로 공부를 시키니, 한국의 영어 교육이 '입시지옥' 그 이상도 그 이하도 아닌 것이다. 게다가 인간의 두뇌는 그런 식으로 무조건 입력시킨다고 작동되는 컴퓨터가 아니다. 다시 말해, 언어 습득을 담당하는 우리의 두뇌는 그렇게 앞글자만 따서 외운다고 해서 영어로 말할 때나 글 쓸 때 자유자재로 동명사나 to부정사를 사용할 수 있게 되는 그런 시스템이 아니라는 말이다. 그렇다면, 이 골치 아픈 동명사와 to부정사를 과연 어떻게 공부해야 할까? 이 '아선생 영어교실'에서는 조금 다른 식의 접근을 시도해 보고자 한다.

일단, 어떤 경우에 동명사가 목적어로 쓰이는지, 또 어떤 경우에 to부정사가 목적어로 쓰이는지를 연구한 언어학자들이 발견한 몇 가지 특성을 이해해 보자. 그 이해를 완벽하게 하신 후에, 그에 따른 다양한 문맥 속의 예문들을 접하시면서 동명사나 부정사의 사용에 대한 느낌과 직감을 키우시면 된다. 자, 지금부터는 고도의 집중을 요하는 코스다.

"**동명사**는 동사보다 **과거**에 일어난 일(Past)이나 **동시**에 일어나는 일(Present), 또 **실제**로 일어났거나 일어나고 있는 일(Real) 등을 주로 나타낸다. 반면, **to부정사**는 동사보다 **미래**에 일어날 일(Future), 실제가 아니라 머릿속으로만 생각하는 **추상**적인 일(Abstract), **가정**적인 상황(Hypothetical/Conditional) 등을 나타낸다."

주의하실 것은 여기서 말하고 있는 '미래', '현재', '과거'는 동사의 시제와 같이 절대적인 시간을 말하는 것이 아니라는 점이다. 두말하면 잔소리지만, 동명사와 to부정사 자체만으로는 시간을 나타낼 수 없다. 이들이 문장 속에서 명사 기능을 하니, 동사처럼 시제를 가질 수 없음은 당연지사! 즉, 시간은 그들을 목적어로 취하는 동사의 시제를 보아야만 알 수가 있다. 그렇다면, 위에서 말하는 과거, 미래, 현재는 대체 뭘까? 그것은 부정사/동명사가 그것을 목적어로 취하는 동사보다 전에 일어난 일인지(과거), 동시간에 일어나는 일인지(현재), 후에 일어나는 일인지(미래)를 말하는 것이다. 즉, **해당 부정사/동명사를 목적어로 취하고 있는 동사와의 상대적인 시간 개념**을 말하는 것! 이게 대체 무슨 말인지 도통 이해가 안 되시는 독자님께서는 이 페이지 처음부터 집중해서 다시 한번 읽어 보자. 그래도 이해가 안 되시는 분들은 더 이상 고민하지 마시고 그냥 다음의 예문들을 보면서 천천히 생각해 보시면 된다. 물론, 이미 to부정사와 동명사를 가지고 문맥에 따른 문법 사용(Grammar-in-Context)이 되는 독자님이시라면, 이런 구구절절한 문법 설명은 걍~ 무시하셔도 된다. 그럼 **동명사는 주로 과거, 또는 현재를 나타낸다**고 하는데, 그게 무슨 말인지 다음 예문들 속에서 한 번 살펴보자.

💬 I miss **talking** with my grandmother.

할머니와 이야기 나누던 것이 그리워.

miss(~를 그리워하다) – 동명사만을 목적어로 취하는 동사다. 사람들은 그리워하기 전에 일어난 일만 그리워할 수가 있다. 그러므로 miss의 목적어로 올 수 있는 것은 miss의 과거에 일어난 일임을 나타내 주는 동명사! 예문에서도 할머니와 이야기를 나눴다(**talking** with my grandmother)는 사실은 그것을 그리워하기(miss) 전에 일어난 일! 즉, 이 문맥 속에서 동명사가 그를 목적어로 하는 동사보다 과거에 일어난 일이라는 말인데, 이는 'I'll miss **talking** with my grandmother.'처럼 전체 문장이 다른 시제를 취해도 변함없는 사실이다. 그러니, 'miss'는 언제나 과거를 나타내는 동명사를 목적어로 취하는 것이다. 혹시 그래도 이해가 안 되시는 독자님을 위해서 '원 플러스 원!' 영어로는 Buy one get one free!

💬 Kimberly **celebrated winning** the international piano competition.

Kimberly는 국제 피아노 콩쿠르에서 입상한 것을 축하했다.

celebrate(~한 것을 축하하다) – 동명사만을 목적어로 취한다. 사람들은 축하하기 전에 일어난 일만 축하할 수가 있다. 예문에서도 동명사(**winning** the international piano competition)는 그를 목적어로 하는 동사(celebrated)보다 과거에 일어난 일! 이 문맥 속에서 동명사가 동사보다 과거에 일어났다는 건, 'Kimberly is celebrating **winning** the international piano competition.', 'Kimberly will celebrate **winning** the international piano competition.' 등과 같이 동사 'celebrate'가 어떠한 시제가 되어도 변함없는 사실이다. 그러니 'celebrate'가 과거를 나타내는 동명사만을 목적어로 취하는 것은 당연한 일!

자, 이쯤~하면 아선생이 하는 말이 무슨 소리인지 대충 이해를 하셨으리라 믿고, 지금부터 등장하는 예문들에 대해서는 심플하고 Cool~하게 짧은 설명만 드리고 넘어가겠다. 그러나 집중은 계속해서! 레드 썬!!

💬 **When are you gonna finish writing your master's thesis?**
년 언제 네 석사 논문을 마칠 거니?

finish – 목적어로 동명사만 취하는 대표 동사! 끝내기 전에 하던 일만 끝낼 수 있다. 다시 말해, finish 뒤에 뭐가 목적어로 오든 간에 finish하기 전(과거)에 일어나는 일! 그러니 과거를 나타내는 동명사만 목적어로!

💬 **Mr. Kim wants to give up drinking so badly.**
김씨는 술 끊기를 너무도 간절히 원한다.

give up(습관 따위를 그만두다) – 목적어로 동명사만 취한다. 술을 끊든 담배를 끊든 뭘 끊든지 간에, 끊기(give up) 전에 행해지는 행동들만 끊을 수 있다. 고로, give up하기 전(과거) 일어나는 일임을 나타내 주는 동명사만 목적어로!

💬 **Have you ever tried to quit smoking?**
담배를 끊으려고 노력해 본 적은 있니?

quit – 이것도 동명사만 취한다. 왜? 'give up'과 동의어이기 때문에 같은 논리를 적용해 보자. 논리야 놀자~

💬 **The thief admitted taking the money.**
도둑놈은 돈을 가져간 사실을 인정했다.

admit(인정하다) – 동명사만 목적어로 취하는 동사! 사람들은 인정하기(admit) 이 전에 저지른 일(과거)에 대해서만 인정할 수 있다. 고로, 'admit'은 과거를 나타내는 동명사만 취한다.

그런데 잠깐!! 이때, 이 '**taking** the money'가 'admitted'보다 과거에 일어났다는 사실을 더욱 명확하게 하고 싶으면, 완료동명사(**having taken** the money)를 쓸 수가 있다. 다시 말해, 'The thief admitted having taken the money.'라고 하면, 돈을 가져간 사실이 admit 이전에 일어났다는 사실에 완전히 쐐기를 박아준다. 이 완료동명사에 대해서는 완료시제를 다룰 때 미련없이 파헤치기로 하고 일단은 간만 보고 넘어가자.

💬 He denies **lying** to us.

그는 우리에게 거짓말을 한다는 사실을 부정한다.

deny(부정하다) – 동명사만 목적어로! 인정하는 것과 마찬가지로 부정하는 것도 주로 부정하기 전(과거)에 일어난 일들에 대한 것들이다. 어떤 이들은 현재 지속적으로 일어나고 있는 일에 대해서도 부정을 하더라. 그러므로 과거와 현재를 나타낸다는 동명사만 취한다. 예문에서 거짓말을 한 사실이 부정한다는 행위보다 먼저(과거) 일어났다는 것을 명확히 하려면, 역시 완료동명사(having lied to us)를 이용해 주시면 되겠다: 'He denies **having lied** to us.'

💬 I enjoy **shopping** at the mall.

난 그 쇼핑몰에서 쇼핑하는 걸 즐겨.

enjoy – 동명사만 목적어로 취한다. 뭔가를 즐길 때, '즐기는'(enjoy) 것과 즐기고 있는 대상의 행위(shopping)는 동시(현재)에 일어난다. 고로, 현재를 나타내는 동명사만 목적어로!

💬 Where are my keys? I **keep losing** them.

내 열쇠가 어디에 있지? 계속해서 그걸 잃어버리네.

keep – 동명사만 목적어로 취한다. 이 문장에서도 'keep'하는 것과 '**losing**'하는 것은 같은 시간대(현재)에 일어나는 일들이다. 고로 현재를 나타내는 동명사만!

이제 동명사 집들이는 가 봤으니, to부정사의 집에도 한번 놀러 가 보자. **동명사가 과거와 현재를 나타내는 것과는 달리 to부정사는 미래를 나타낸다**고 하는데… Of course, 이 '미래'라는 개념 또한 부정사를 목적어로 취하는 동사와의 상대적인 시간 개념을 말한다.

💬 He **offered to help** me carry these bags.

그는 이 가방들을 옮기는 것을 도와주겠다고 자청했다.

offer – to부정사만 목적어로 취하는 동사! 자청을 한(Offer) 후에 도움을 준다. 'offer'한 후에 '**to help**'하는 것이므로 부정사 '**to help**'는 동사 'offer'보다 미래에 벌어지는 일. 그러므로 미래를 나타내는 부정사만 취한다.

💬 Mr. & Mrs. Johnson **have decided to have** a baby.

Johnson 씨 부부는 아이를 갖기로 했다.

decide – to부정사만 목적어로 하는 동사! 결정한 후(decide)에 결정한 일(to~)을 한다. 예문에서도 '**to have** a baby'는 'have decided'보다 미래에 벌어지는 일이므로 미래를 나타내는 부정사만 취한다.

💬 I didn't **mean to offend** you.

난 당신을 화나게 하려는 의도가 아니었어요.

mean(의도하다) – 부정사만 목적어로 하는 동사! 의도한(mean) 후에 의도한 일(to~)을 한다. 그러니, 미래를 나타내는 부정사만!

💬 **I'm aiming to finish** this book by the end of December.

이 책을 12월 말까지 끝내는 걸 목표로 하고 있어.

aim(~를 목표로 삼다) – 부정사만 목적어로 하는 동사! 목표로 하는 일(to~)은 그것을 목표로 삼은 후에 한다. 예문에서 '**to finish** this book'은 'I'm aiming'보다 미래에 벌어지는 일. 고로 미래를 나타내는 부정사만!

💬 We **agreed to sign** the contract.

우리는 그 계약서에 서명하는 것에 동의했다.

agree(~하는 것에 동의하다) – 이것도 부정사만! 동의한(agree) 후에 동의한 일(to~)을 하니까! 예문에서도 '**to sign** the contract'는 'agreed'보다 미래에 일어나는 일. 그래서 미래를 나타내는 to부정사만!

💬 **Promise** me **not to be** late. - I **promise to be** here on time from now on!

늦지 않겠다고 나랑 약속해. - 지금부터는 제시간에 여기 올 것을 약속할게!

promise – 이것도 부정사만! 약속한 일(to~)은 약속을 한(promise) 후에 한다. 이 문장에서 '**not to be** late'와 '**to be** here on time'은 'promise'보다 미래에 벌어지는 일! 그러니, 미래를 나타내는 to부정사지!
여기서 잠깐!!! 바로 요 앞 문장에서 보시는 바와 같이, to부정사의 부정은 그 앞에 not만 갖다 붙이면 된다. 왜, 햄릿도 말하지 않았던가!

"To be or **not** to be, that's the question!"(사느냐 죽느냐 그것이 문제로다!) 이는 햄릿뿐만 아니라 비틀스의 노래 가사에도 나오는 문법이지! ♪♪ Listen! Do you want to know a secret? Do you promise **not** to tell? Whoa oh oh, Closer! ♪♪ (들어봐! 비밀을 하나 알고 싶니? 말하지 않겠다고 약속하겠어? 워우 워~ 가까이 와 봐!)

아하! 그러니까, "I will do anything to be with her!" (그녀와 함께하기 위해서라면 뭐든 하겠어!)라는 문장에서 to부정사를 부정하시려면 바로 그 앞에 not만 붙이면 된다는 거지. "I will do anything **not** to be with her!" (그녀와 함께하지 않기 위해서라면 뭐든지 하겠어!) 처럼... ▶

미래 말고도 to부정사는 추상적인 개념(쉽게 말해, 실제로 벌어지는 일이 아니라 머릿속에서만 생각하고 있는 일!)을 나타내기도 하는데... 쉬운 예로, 한국에서 그룹사운드의 이름으로, 또 음료수의 이름으로도 애용되고 있는 워너비(wanna be: want to be)~

💬 What do you want to be when you grow up?
- I want to be a dinosaur!
넌 커서 뭐가 되고 싶니? - 나는 공룡이 되고 싶어요!

영어를 딱 한 달만 공부해 보신 독자님이라면 아는 사실, want는 to부정사만을 목적어로 취한다! 이제는 이유도 함께 알자! 무언가를 원할(want) 때, 원하는 일(to~)은 실제로 일어나고 있는 일이 아니라, 머릿속, 마음속으로 생각하고 있는 일이다. 그러므로 추상적인 개념을 나타내는 to부정사만 취한다. 같은 논리로 비슷한 의미를 가진, wish(바라다)나 hope(희망하다)도 마찬가지! 바라고 희망하는 일 또한 실제 일어나고 있는 일이 아니라 머릿속으로 그리고 있는 추상적인 일이기 때문이다:

▶ 하지만 미국 영어에서는 casual speech(격식을 차리지 않는 대화)에서 not이 to와 동사원형의 사이에 출현할 때가 자주 있다. (예: 'to <u>not</u> be', 'to <u>not</u> go', etc.) 물론 격식을 갖춰야 하는 대화에서는 원칙을 따라 주는 것이 좋다.

- These immigrant laborers **wish to earn** more than the minimum wage.

  이 이주 노동자들은 최저임금 이상의 돈을 벌기를 바라고 있다.

- I **hope to see** you sometime very soon.

  당신을 머지않아 만나기 희망해요.

 The entrepreneur **seems** to *have money to burn.

그 기업가는 정말 부자인 것 같아. (*have money to burn: 부자다)

seem – 부정사만을 취하는 동사! '~인 것 같다'는 말은 그 일이 실제로 일어난다는 말이 아니라 화자에게 그렇게 보인다는 말로 실제가 아니라 추상! 즉, 예문에서 그녀가 실제로 부자인지 아닌지는 화자도 정확히는 모른다. 'seem'이 이렇게 사실이나 실제에 근거하지 않고 화자의 생각에 근거한 추상적인 개념을 나타내기 때문에 다음과 같은 대화도 가능한 것이다.

Alexandra	Young-ju **seems to have deep pockets**.
Elizabeth	What makes you think so?
Alexandra	'Cause she always carries brand name handbags.
Elizabeth	That's interesting because I know she has been financially struggling for a long time.
Alexandra	What? Does that mean she's not rich?
Elizabeth	Not even close!

Alexandra	영주는 부자인 것 같아.
Elizabeth	왜 그렇게 생각하지?
Alexandra	왜냐면 걔는 항상 명품 핸드백만 메고 다니니까.
Elizabeth	재밌는 소리네. 왜냐면 걔가 오랫동안 돈문제로 힘들었던 걸 내가 알거든.
Alexandra	뭐? 그럼 걔가 부자가 아니란 소리야?
Elizabeth	부자 근처에도 못 가!

그러니, 위의 대화 속에서 Alexandra가, 영주가 부자라고 말한 것은 추측일 뿐 실제 상황은 아닌 것이다. 그러니 'seem'은 추상을 나타내는 부정사만 목적어로!

💬 I can't take this any more! He's **pretending to be** sick again!

더는 못 참겠어! 쟤 또 아픈 척한다!

pretend(~하는 척하다) – 부정사만 목적어로 하는 동사! 즉, 실제가 아니라 '척'하는 거니까 추상적인 개념! 그러니 부정사만 목적어로!

💬 Honey, I'm afraid we can't **afford to buy** a new house at this time.

여보, 미안한데 지금은 우리가 새집을 살 돈이 없어.

afford(~할 여유/돈이 있다) – to부정사만 목적어로 취하는 동사! ~할 여유가 있다/없다는 말은 실제로 하고 있는 일이 아니라 머릿속에서 생각하고 있는 일을 논할 때 쓰는 말. 이럴 땐 물론 추상적인 개념을 나타내는 부정사가 나서지!

💬 Why does his boss always **refuse to listen** to him?

왜 그 사람 상사는 그 사람 말을 듣길 거부하지?

refuse(거부하다) – 어떤 행위를 거부한다는 것은 그 일이 실제로 일어나지 않는다는 말이므로 추상적인 개념으로 보자. 추상 = 부정사!

지금까지 아선생이 설명드린 것은 동명사, 부정사가 가진 대체적인 언어학적 특징이지만, 사실 이게 수학 공식처럼 100% 맞아떨어지는 것은 아니다. 인간이 사용하는 언어는 인간만큼이나 불안정하기에 수학, 과학 공식처럼 완벽하지가 않다! 그럼에도 불구하고 이 부정사와 동명사의 특징들을 공부해 두면, 많은 경우 그 쓰임새를 이해하는 데 도움이 된다는 사실을 아선생이 보장해 드린다. 이에 대한 증거를 좀 더 보여 드리겠다.

지금까지 공부한 동사들은 동명사면 동명사, to부정사면 to부정사, 이렇게 딱 하나만 취하는 지조있는 녀석들이었다. 그런데 영어에는 이것저것 아무거나 막 취하는 지조 없는 동사들도 있다. 문제는 이들이 부정사를 취했을 때와 동명사를 취했을 때 그 의미가 180 degrees 달라진다는 데에 있다. 그러나 하쿠나 마타타!!! It means no worries!! 이런 동사들을 공부할 때도 아선생이 말씀드린 공식들을 적용해보면 도가 통하실 것이니... 그럼, 일단 서비스로 앞서 말씀드린 것들을 도표로 정리를 해 드리고...

동명사	부정사
과거 현재 (실제로 일어나는 일)	미래 추상적 개념 (실제가 아닌, 머릿속에서 생각하는 일)

이를 기억하시면서, 예문들을 하나하나 살펴보자.

'Remember'는 동명사와 부정사를 둘 다 목적어로 취하는데, 무엇을 취하느냐에 따라 의미가 180도 달라진다.

CASE 1

Jung-ah Do you remember **going to the World Cup Stadium** with me?

In-kyu No, I don't remember **going to the World Cup Stadium**.

Jung-ah How come you don't remember that? You almost cried when Ji-sung Park made a goal in the second half that day!

In-kyu Oh, yeah! The game between Korea and Portugal! Now I remember!

정아 나하고 월드컵 경기장에 간 것 기억하니?
인규 아니, 난 월드컵 경기장에 간 기억이 없는데.
정아 넌 어쩜 그걸 기억 못 할 수가 있니? 그날 후반전에서 박지성이 골 넣었을 때 너 거의 울 뻔했잖아!
인규 오, 그래! 한국하고 포르투갈 경기! 이제 생각난다!

CASE 2

Do-jun I'm leaving for the US tomorrow. Is there anything I should remember in particular?

Graham Let's see. Oh, remember **to leave tips** at restaurants in America.

Do-jun OK, I'll keep that in mind. Anything else?

도준 나 내일 미국에 가. 특별히 기억해야 할 것이라도 있니?
Graham 어디 보자. 오우, 미국에서는 식당에 가면 팁 남기는 것 기억해.
도준 알았어, 명심할게. 또 다른 건?

철자도 똑같고 의미도 똑같은 remember가 (Case 1)에서는 동명사를, (Case 2)에서는 부정사를 목적어로 취하고 있다. 바로 요 앞 페이지의

GERUNDS & INFINITIVES

도표에서 보신 것처럼 동명사는 과거를, 부정사를 미래를 나타낸다. 그러니까 (Case 1)에서는 '과거에 월드컵 경기장에 갔던 사실'을 기억하는 것이니 동명사를, (Case 2)에서는 '미래에 팁을 남길 것'을 기억하는 것이니 부정사를 목적어로 취한다. 그러니까 이때 엉뚱한 것을 취하면 문장의 뜻이 완전히 달라지니 조심, 또 조심! 과연 어떻게 달라지는지 보고 싶은 독자님들을 위해서, 위의 문장들에서 부정사, 동명사 부분만 한번 바꿔서 해석해 보자.

CASE 1

- Do you remember **going to the World Cup Stadium** with me?
- → Do you remember **to go to the World Cup Stadium** with me?

'나하고 월드컵 경기장에 갔던 것을 기억하니?'라는 문장이 동명사를 to부정사로 바꾸면, '나하고 월드컵 경기장에 (앞으로; 미래에) 가는 것 기억하고 있지?'로 의미가 바뀌어 버린다.

CASE 2

- ...remember **to leave tips** at restaurants...
- → Remember **leaving tips** at restaurants.

여기서도 '(앞으로; 미래에) 식당에서 팁 남기는 것 기억해'가 to부정사를 동명사로 바꾸니, '식당에서 (과거에) 팁 남긴 사실을 기억해.'로 문장이 전달하려는 의미가 변한다.

*이는 remember의 반대말인 forget도 마찬가지! 참고로 동의어나 반대어는 같은 문법 구조를 취하는 경우가 대부분이다.

CASE 1

Laurel Honey, I'm leaving! Don't **forget to put the kids to sleep at 9**.

Doug All righty, don't **forget to lock the door** when you leave.

Laurel 여보, 나 지금 나가요. 애들 9시에 재우는 것 잊지 말아요.
Doug 알았어요. 당신도 나갈 때 문 잠그는 것 잊지 말고요.

CASE 2

Paul Honey, which one is for John's birthday? There are two wrapped gifts here on the table.

Ah-young Both of them are for John.

Paul Then, why didn't you put them in one big box together?

Ah-young What happened was that I hadn't **remembered buying his gift** last week and bought another one this afternoon.

Paul 여보, 어떤 게 John 생일 선물이지? 테이블 위에 포장된 선물이 두 개가 있는데.
아영 두 개 다 John 거야.
Paul 그럼, 왜 그거 전부 큰 상자 하나에 넣지 그랬어?
아영 그게 어떻게 된 거냐면, 내가 지난주에 걔 선물을 하나 산 걸 깜빡하고 오늘 오후에 또 하나 샀어.

미래에 해야 할 일을 forget하거나 혹은 과거라도 forget해서 **실제로 일어나지 않은 일(추상)**은 **부정사**를 취하는 반면, **과거**에 **실제로** 있었던 일을 forget한다면 **동명사**를 취한다. 그래서 (Case 1)에서는 아이들을 재우는 것이나, 문을 잠그는 것이나 모두 미래에 할 일을 잊지 말라는 말을 하고 있으므로 to부정사를 취하고 있다. 이와 대조적으로 (Case 2)에서

GERUNDS & INFINITIVES

는 지난주에 선물을 샀다는 사실, 즉 과거에 실제로 일어났던 일을 잊었으므로 동명사를 취하고 있다. 여기서 주목하실 것은, 이 경우 'had forgotten'이라는 표현보다는, 'hadn't remembered'라는 표현이 더 자연스럽다는 사실! 물론 의미는 똑같다.

'regret'이라는 단어도 동명사와 부정사를 둘 다 취한다. 이 단어는 우리가 흔히 '~를 후회하다'라는 뜻으로 알고 있지만, '~를 유감스럽게 생각하다'라는 뜻도 가지고 있다. 그래서 단어가 사용되는 의미에 따라서 목적어로 취하는 것이 싹싹 바뀐다.

여기서 깜짝 퀴즈! 어떤 뜻일 때 무엇을 취할까요?
정답:후회할 땐 동명사, 유감스러울 땐 to부정사!
자, 후회는 후회하기 전(과거)의 일만 후회하니 과거를 나타내는 동명사!라고 쉽게 이해할 수 있지만, 유감스럽게 생각하는 건 또 뭐야? 이렇게 수수께끼 같은 문법을 만나면 역시 그것이 사용되는 문맥을 통해서 이해할 수밖에 없다. 문맥아, 헬프!

Justin Due to the economic crisis, many people are having financial difficulties here in Florida. Moreover, I tried to apply for jobs almost everywhere, but it was fruitless. What is the job situation in California?

Benny Here as well, people are getting laid off, and it's pretty tough for me to get a job. I applied to the state government, and the very next week they sent me an E-mail that says, "We regret to inform you that we are unable to employ you based on our hiring criteria." The problem was I didn't have a good GPA.

Justin **I kept telling you to be more serious about your studies!**

Benny **Say no more! I regret not studying hard, and I regret partying too much! Are you happy now?**

Justin 경제난 때문에 여기 플로리다에서는 많은 사람이 재정적으로 힘들어 해. 게다가, 난 여기저기 이력서를 뿌리고 다녔지만, 아무 성과가 없었어. 캘리포니아는 구직 상황은 어때?

Benny 여기도 마찬가지로, 사람들이 구조조정을 당하고 있고 나도 직장 구하기가 힘드네. 주정부에 지원했는데, 바로 그 다음 주에 그들이 나한테 "유감스럽게도 우리들의 채용기준에 따라 당신을 채용할 수가 없습니다."라는 이메일을 보냈더라고. 문제는 내 학점이었어.

Justin 내가 공부 열심히 하라고 계속해서 말했었잖아!

Benny 더 말하지 마! 나도 공부 안 한 것도 후회하고, 파티만 너무 많이 한 것도 후회하고 있어! 됐냐?

Benny의 마지막 문장에서 공부를 안 한 거나(regret **not studying hard**), 파티만 너무 많이 한 거나(regret **partying** too much) 다 후회하는 행위를 하기 전에 있었던 과거의 일들! 그러나 주정부에서 보냈다는 이메일의 'We regret **to inform** you that ~'이라는 표현은 '~을 알려 드리게 되는 것을 유감스럽게 생각합니다.'라는 표현으로, 대학에 떨어졌을 때나 면접에서 떨어졌을 때와 같이 나쁜 결과를 전하는 편지의 머리말에서 볼 수 있는 표현이다. 여기서 유감스럽게 생각하는 것이 먼저 일어난 일이고, 유감스럽긴 하지만 ~를 알려드리는 건 그 후(유감스러운 후)에 일어나는 일이다. 그러므로 후회할 땐 동명사, 유감스러울 땐 부정사!

stop은 동명사만을 목적어로 취한다. 왜냐하면, 멈추기 전(과거)에 일어나는 일만 멈출 수가 있으니까, 과거를 나타내는 동명사만 목적어로 하는 게 당연! 그런데 문제는 to부정사가 자기는 목적어가 아니라 부사로 기능한다며(부사적 용법) 따라붙을 때도 있는데, 이 경우, '~하기 위해서 멈춘다'(stop to~)로 해석이 된다. 그러니까, 이때 to부정사는 멈춘 후(미래)에 하는 일이라고 보실 수 있겠다. 한마디로, stop하기 전에 일어난 일은 과거니까 동명사! stop한 후에 일어나는 일은 미래니까 to부정사!

Britney My husband is such a heavy smoker. I think he's addicted to smoking. The other day, we were jogging together, and guess what? He just ran half a mile and stopped to smoke.

Katie Are you serious?

Britney What is more, he smoked inside the house this morning, and when the kids started to cough, he stopped smoking!

Katie Geez, he seems too much.

Britney 내 남편은 담배를 너무 많이 피워. 내 생각에는 담배에 중독된 것 같아. 며칠 전에는 우리가 조깅을 함께하던 중에 무슨 일이 있었는지 아니? 딱 반마일 뛰더니 담배 피우기 위해서 멈추더라고.

Katie 그게 정말이야?

Britney 게다가 더한 건, 오늘 아침에는 집 안에서 담배를 피우더니, 아이들이 기침하기 시작하니까, 그제서야 담배를 끄더라고!

Katie 세상에, 네 남편 좀 너무한 것 같다, 얘.

이렇게 부정사와 동명사를 취했을 때, 위의 예들처럼 '180도' 달라지지는 않지만, 약간의 뉘앙스 정도만 바뀌게 하는 동사들도 있으니… 좋아하고, 사랑하고, 싫어하는 단어들, 이름하여, 'like', 'love', 'hate'! 물론 이 경우에도 지금까지 동해물과 백두산이 마르고 닳도록 공부한 내용을 적용시키시면, 쉽게 이해하실 수 있다. **동명사는 실제 행위를, 부정사는 생각(추상적 개념)**을, 나타낸다는 사실을 다시금 상기시켜 주시면서 다음의 대화를 보자.

Richard Hi, Gorgeous! Would you like to dance with me? (생각)

Jackie I'm sorry, but I don't usually like dancing. (실제로 하는 행위)

Richard 안녕, 거기 아름다우신 분! 나와 함께 춤추실래요?

Jackie 죄송한데, 제가 평소 춤추는 걸 좋아하지 않아서요.

위의 대화에서 Richard는 자신과 춤출 생각이 있는지를 묻고 있다. 즉, 여기서 '**to dance** with me'는 실제 행동이 아니라 아이디어, 생각을 말하기 때문에 추상적인 개념을 나타내는 부정사를 쓴 것이다. 반면, Jackie가 한 말은 춤을 추는 행위 자체를 좋아하지 않는다는 말로, 여기서 '**dancing**'은 생각이 아니라 실제 그 행동을 좋아하지 않는다는 말! 이는 다른 말로 하면, 'I don't usually enjoy dancing.'이 되겠다. 그래서 실제를 나타내는 동명사를 썼다.

Janis Schola's birthday is this Saturday. Would you like to throw a surprise party for her at your house?
Maria I'm afraid my house is not available this time.
Janis I thought you liked throwing parties.
Maria Yeah, I usually enjoy giving parties, but my in-laws are coming to visit us this weekend.

Janis Schola의 생일이 이번 주 토요일이니, 너희 집에서 서프라이즈 파티를 열지 않을래?
Maria 미안한데 이번에는 우리집은 안 될 것 같아.
Janis 난 네가 파티 여는 걸 좋아하는 줄 알았어.
Maria 맞아. 나 보통 파티 여는 거 좋아해, 근데 시댁 식구들이 이번 주말에 오시거든.

Janis의 첫 문장에서 서프라이즈 파티를 열 생각이 있는지를 묻고 있다. 즉, 이 문장에서 '**throw** a surprise party'는 실제 행동을 말하는 것이 아니라 그러한 아이디어/생각이 어떤지 묻고 있는 것이므로 추상적 개념의 부정사! 반면, Janis의 두 번째 문장에서는 아이디어가 아니라 파티 여는 실제적 행위를 좋아하는지를 묻고 있는 것이므로 실제를 나타내는 동명사!

GERUNDS & INFINITIVES

이렇게 부정사와 동명사를 취해서 조금이든 완전히든 뜻이 달라지는 동사들은 다양한 문맥 속에서 만나면서 사용에 대한 직감을 확실하게 익혀야 한다. 다시 말해, 확실하게 감이 잡힐 때까지 끊임없이 다양한 예문들을 만나야 한다.

이 밖에 부정사와 동명사를 둘 다 취하면서 그 의미가 전혀 변하지 않는 begin, start 등과 같은 동사들도 있는데, 사실 엎치나 뒤치나 크게 상관없는 이런 류의 동사들은 걱정을 놓으셔도 될 것 같다.

마지막으로 동사는 아니지만, to부정사가 아닌 동명사만을 목적어로 취하는 또 다른 품사가 있는데, 바로 전치사다. 즉, **전치사 뒤에는 언제나 부정사 말고 동명사만 올 수가 있다.** 왜냐하면 to부정사에 전치사 to와 똑같이 생긴 놈이 이미 껴 있기 때문에, 전치사 뒤에다 또 이놈을 갖다 붙이면 폼이 영 어색해지기 때문에 동명사가 오는 것이 언어적 형태상 훨씬 더 자연스러워 보인다. 이해하셨으면 예문들을 통해서 한번 체크해 보자.

Jim　So are you looking forward **to** seeing your parents this summer?

Alex　Yes, I am. But, then again, I'm afraid **of** disappointing them.

Jim　Oh, nonsense! You're a wonderful son. What are you afraid of exactly?

Alex　My parents are so demanding, and they expect a lot from me. It's very hard for me to **live up to**[1] their expectations.

Jim　Then, why don't you tell them how you feel?

Alex　I don't know how to communicate with them. Besides, I'm not good **at** convincing people.

Jim　If you keep **on** doing what you're doing now, you're never gonna change anything. Life never changes if you don't change yourself.

---

1. live up to~: 기대 따위에 부응하다

Jim　그래서 넌 올여름 너희 부모님 만날 것을 기대하고 있니?
Alex　응. 하지만 또 한 편으로는, 부모님들을 실망시켜 드릴까 봐 두려워.
Jim　말도 안 돼! 네가 얼마나 좋은 아들인데. 네가 두려워하는 게 정확히 뭐야?
Alex　우리 부모님들은 내게 너무 많은 걸 요구하시고, 나한테 기대하시는 것도 너무 많아. 부모님들 기대에 부응해서 산다는 게 내겐 참 힘들어.
Jim　그렇다면, 그냥 네가 그렇게 느낀다고 부모님께 말씀드려 보지 그러니?
Alex　난 부모님들과 어떻게 소통해야 할지 잘 모르겠어. 게다가, 난 사람들을 설득시키는 걸 잘 못해.
Jim　네가 지금처럼 계속하면, 넌 아무것도 변화시킬 수가 없어. 삶은, 네가 네 자신을 변화시키지 않는 한, 절대로 변하지 않아.

GERUNDS & INFINITIVES

CHAPTER 10

to부정사는
영문법 필드의 손흥민

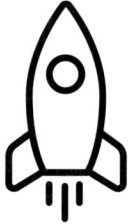

TO-INFINITIVES

축구필드의 멀티플레이어가 손흥민이라면, 영문법 필드의 멀티플레이어는 단연 to부정사라 하겠다. <Chapter 9>에서 보신 것처럼, to부정사는 동명사처럼 주어, 목적어, 보어 자리에 오면서 명사 기능을 할 뿐 아니라, 명사나 대명사를 꾸며 주는 형용사 기능까지 할 수가 있다. 게다가, 동사나 형용사, 혹은 문장 전체를 꾸며 주는 부사의 기능까지도 할 수가 있으니, 멀티플레이어도 이런 멀티플레이어가 없다. 축구 선수였다면 가히 손흥민과 맞짱을 뜰 만도 할 것이다. 대~한민국! 그럼, The first half(전반전)에서는 to부정사가 명사의 기능을 플레이하는 모습을 중점적으로 지켜보시겠다.

Kim To study in America has always been my dream, but it seems almost impossible to accomplish that dream.

Lee You're brilliant and have a gift in linguistics. What's the problem?

Kim The problem is money.

Lee Yeah, money matters all the time. Wait a second. Isn't your uncle a multi-millionaire? Why don't you just ask him to financially support you?

Kim Are you nuts? It's a sheer waste of time to ask him such a favor. Besides, even if he says 'yes', it's not that easy to trust him.

Lee Why is that?

Kim He seems to be a very giving person when he's in a good mood, but when he's in a bad mood, it's like, "Hello, Mr. Scrooge!" What's worse, he keeps changing his mind literally every single day.

Lee So are you gonna just give up?

Kim Nope! It's pretty challenging to be a working student[1], but I have confidence in myself. I'll show everyone that I can do it myself!

Lee I believe in you, my friend! Heaven helps those who help themselves.

---

1. be a working student: 일하면서 공부하는 학생

김씨 미국에서 공부하는 게 언제나 내 꿈이었는데, 그 꿈을 이룬다는 게 거의 불가능한 것 같아.
이씨 넌 똑똑하고 또 언어학에 재능이 있어. 문제가 뭐야?

김씨	문제는 돈이야.
이씨	그렇지, 돈이 항상 문제지. 잠깐만, 너네 삼촌 억만장자 아니야? 그분한테 재정적으로 좀 도와달라고 부탁해 보지 그래?
김씨	미쳤어? 삼촌한테 그런 부탁을 하는 건 100% 시간 낭비야. 게다가, 삼촌이 도와준다고 해도 그를 믿는다는 건 그렇게 쉬운 일이 아니야.
이씨	왜 그런 거지?
김씨	삼촌은 자기 기분이 좋을 때는 잘 퍼주는 사람인 것 같은데, 자기 기분 나쁠 때는 스크루지가 따로 없다니까! 게다가 더 나쁜 건, 얼마나 변덕스러운지.
이씨	그래서 그냥 포기하려고?
김씨	아니! 일하면서 공부한다는 건, 정말 힘든 일이지만, 난 자신이 있어. 모두에게 나 혼자 해낼 수 있다는 걸 보여 주고 말 거야.
이씨	난 널 믿어, 친구! 하늘은 스스로 돕는 자를 돕는다고들 하잖아.

위의 대화 속에서 대부분의 to부정사는 Chapter 9에서 배우신 그대로 주어, 또는 목적어 자리에 딱 버티고 앉아서 지들이 문장 속에서 명사 구실을 함을 확실하게 보여 주고 있다. 이들은 Chapter 9에서 이미 다룬 내용들이니까 패스! 그런데 몇몇 to부정사는 다른 기능을 하고 있는데, 요녀석들만 일단 보기 좋게 일렬로 집합시켜 보자. 집합!

- It seems almost impossible to accomplish that dream.
- It's a sheer waste of time to ask him such a favor.
- It's not that easy to trust him.
- It's pretty challenging to be a working student.

중고등학교 때 우리는 이런 구조를 마치 명품 가방인 양 '오리지널'과 '짜가'를 구분 지으면서, 진짜 주어(진주어)와 가짜 주어(가주어)로 나눠서 배웠다. 쉽게 말해, 해석해 보면 문장에서 진주어가 되는 것이 to부정사임을 단박에 알 수 있지만, 실제 주어자리에는 'it'이란 놈이 떡~하니 버티고 앉아서 자리를 안 내준다. 그러니 이들을 한국인인 우리가 보기에 더 자연스러운 문장들로 바꿔 보면,

- **To accomplish that dream** seems almost impossible.
- **To ask him such a favor** is a sheer waste of time.
- **To trust him** is not that easy.
- **To be a working student** is pretty challenging.

가 되니, 이제는 말할 수 있다! 사실상 그 to부정사들이 주어였다는 사실을! 그렇다면, 왜 'it'이라는 가주어가 먼저 나서는 이런 희한한 구조들이 영어에서 판을 치는 걸까? 이를 아선생은, 영어가 가진 언어적 특성 때문이라고 결론 내렸다. Geoffrey Leech 박사님께서 그 분의 저서 〈A Communicative Grammar of English〉에서 말씀하시길, 영어라는 언어가 가진 속성들 중에 'End-Focus'와 'End-weight'이 있는데, 이는 영어의 문장들이 좀 더 의미가 있거나 무게가 있는 부분을 뒤로 보내는 경향을 말한다. 언어에서 무게가 있는 부분이란 많은 단어가 포함된 기다란 '구'나 '절'을 말한다. 대체적으로 한국인들보다 미국인들의 머리가 더 작은 것처럼, 한국 문장보다 영어 문장의 머리가 더 작은 경향이 있다. 그러다 보니, to부정사를 대동한 주어 부분이 너무 길~~ 경우, 주어자리에 'it'이라는 가주어를 일단 위치시키고 많은 단어가 포함된 무거운 to부정사구는 문장 뒤로 빠지는 이런 현상까지 나타나는 것이다. 가짜 핸드백이 판을 치는 곳에는 가짜 지갑도 있는 법! 가짜 주어가 있다면 당연히 가짜 목적어도 있겠지:

- I found **it** really boring **to be home alone all day long**.
- Bush made **it** possible (for Korean people) **to travel to the United States without a visa**.

이 예문들에서는 가짜 목적어 'it'이 목적어 자리에 있고 진짜 목적어인 to부정사는 문장의 뒤에 가있다. 그러니, it을 개의치 말고 해석하면

- 난 집에서 하루 종일 혼자 있는 게 정말 따분하다는 걸 알았어.
- 부시가 (한국인들이) 미국에 무비자로 여행하는 것이 가능하도록 만들었어.

가 된다.

자, 이제 이러한 구조를 정확하게 이해하신 상태에서, 김씨와 이씨의 대화를 다시 읽어 보자. 이번에는 문법 구조와 함께 그를 응용한 표현들까지도 눈에 쏙쏙 들어오실 터이니…

이 밖에도 to부정사는 의문사 뒤에 착 달라붙어서 명사구를 만들기도 한다:

- I don't know what to do and where to go.

  난 무엇을 해야 할지 어디로 가야 할지 모르겠어요.

- Grandma taught me how to make radish Kimchi.

  할머니가 무김치를 어떻게 만드는지 가르쳐 주셨어요.

- Could you please tell me how to get there?

  그곳에 어떻게 가는지 가르쳐 주실래요?

이제는 The second half(후반전)으로 접어들어, 지금부터는 to부정사가 다른 것들을 꾸며 주는 역할들을 어떻게 해내는지 감상해 보자. 후반전 초반에는 명사나 대명사를 꾸며 주는 형용사 역할부터 관전해 보자. 관전포인트는 **to부정사가 형용사 기능을 할 때는 꾸밈을 받는 명사/대명사 뒤에 온다**는 것!

Dad	While Dad's cooking, why don't you go and play with your toys?
Charlie	But Dad, I don't have any toy **to play with**.
Dad	OK, but you have a lot of books **to read** and movies **to watch**, so do whatever you want to.
Charlie	Then, can I watch "Oldboy"?
Dad	No, Charlie! The movie is not for your age. You know that you can only watch a PG-13▸ movie. Why don't you watch "The Way Home"?
Charlie	No, I don't feel like watching that movie. Dad, can you please buy me some video games **to play**?

아빠	아빠가 요리하는 동안, 넌 가서 장난감 가지고 놀지 않을래?
Charlie	하지만 아빠, 난 가지고 놀 장난감이 하나도 없어요.
아빠	알았어. 그래도 읽을 책도 많고 볼 영화는 많으니 뭐든 네가 하고 싶은 걸 하렴.
Charlie	그럼, 저 "올드 보이"봐도 되요?
아빠	안 돼, Charlie! 그 영화는 네 나이에 볼 수 있는 영화가 아니야. 넌 13세 관람가 영화만 볼 수 있다는 사실을 너도 알잖아. "집으로" 보면 어떨까?
Charlie	싫어요. 나 그 영화 보기 싫어요. 아빠, 나 가지고 놀 비디오 게임 좀 사 주시면 안 돼요?

▸ PG는 'Parental Guidance'의 약자로 PG-13이란 13세 관람가라는 뜻

대화 속에서 많은 명사들(toy, books, movies, video games)이 to부정사의 꾸밈을 받고 있다. 바로 요 앞 페이지에서 말씀 드렸듯이, toy **to play with**(가지고 놀 장난감), books **to read**(읽을 책), movies **to watch**(볼 영화), video games **to play**(가지고 놀 비디오 게임)와 같이, to부정사가 이들 명사를 **뒤에서** 꾸며 주고 있다. 이는 명사뿐만 아니라 대명사를 꾸밀 때도 마찬가지!

TO-INFINITIVES

Erwin   Hey, Ross! Come on in.
Ross   Man, it's an oven out there! I'm fried!
Erwin   Can I get you something to drink? Something very cold?
Ross   Yes, please. Any type of **thirst quencher**[1] will do.
Erwin   Then, would you care for some cold lemonade?
Ross   Super! Is there anything to eat as well? I'm starving to death!
Erwin   I'm afraid there's nothing to eat in the fridge, but we can order some food online if you want to.
Ross   Thanks a bunch! You're the best!

1. thirst quencher: 갈증을 가시게 하는 음료

Erwin   Ross구나! 들어와.
Ross   아 휴, 밖이 완전 오븐이야(매우 더워). 내가 벌겋게 익었다니까!
Erwin   뭐 마실 것 좀 갖다줘? 아주 찬 걸로?
Ross   응, 부탁해. 갈증을 가시게 하는 음료라면 뭐든 좋아!
Erwin   그렇다면 시원한 레모네이드 어때?
Ross   좋지! 뭐 먹을 것도 있어? 나 배고파 죽겠어!
Erwin   미안한데, 냉장고에 먹을 게 아무것도 없어, 하지만 네가 원하면 음식은 인터넷으로 주문하면 돼.
Ross   진짜 고마워! 네가 최고야!

대화 속에서 보시다시피, to부정사는 명사뿐만 아니라 something, anything, nothing등의 대명사도 뒤에서 꾸며 주고 있다. 그런데 사실 something, anything, nothing등과 같이 thing, thing, thing자로 끝나는 말은~♬, to부정사뿐만 아니라 일반 형용사 또한 **뒤에서** 꾸며 준다. 방금 전 Erwin도 말하지 않았던가! 'Very cold something'이 아니라, 'something very cold'라고! 이 Thing's family와 형용사의 결합에 대해

서는 형용사 편에서 자세히 다루기로 하고...

어쨌거나, to부정사는 이렇게 명사와 대명사를 꾸며 줄 뿐 아니라, 동사, 형용사, 문장 전체 등등 이것저것 다 꾸미는 부사 역할까지도 플레이하는데~

Graham	Excuse me, what was your name again?
Yu-ho	Oh, it's Yu-ho, and I'm from South Korea.
Graham	I'm sorry, Yu-ho, but I'm terrible at names. So what brought you here?
Yu-ho	I came to America **to study criminology**. What about you? Are you from here?
Graham	No, I'm from Toronto, Canada. I came here **to be with my girlfriend**. She goes to FSU. So do you go to FSU as well? I heard FSU has a very good PhD program in criminology.
Yu-ho	I'm trying to, but it's really hard for me to get into FSU.
Graham	What's the biggest obstacle?
Yu-ho	The TOEFL! I just don't know how to improve my TOEFL score.

Graham	실례지만, 성함이 어떻게 되신다고 하셨죠?
유호	유호입니다. 한국에서 왔고요.
Graham	죄송합니다, 유호 씨. 제가 이름을 잘 기억 못해서요. 그래서 여기에는 왜 오신 거죠?
유호	미국에는 범죄학을 공부하러 왔습니다. 그쪽은요? 여기 출신인가요?
Graham	아뇨, 전 캐나다 토론토에서 왔어요. 저는 제 여자친구와 함께 있으려고 여기 왔어요. 여자친구가 플로리다 주립대(FSU: Florida State University)에 다니거든요. 그쪽도 플로리다 주립대에 다니세요? 플로리다 주립대가 범죄학과에 좋은 박사과정이 있다고 들었는데…
유호	가려고 하는데 플로리다 주립대 들어가기가 제겐 참 힘드네요.
Graham	가장 큰 장애물이 뭔가요?
유호	토플 시험이요. 토플 점수를 어떻게 올려야 하는지를 모르겠어요.

Graham　I don't know about the TOEFL exam, but I understand that you should use and practice English to improve your English skills.
Yu-ho　Thanks for the tips. I'll take your advice. I'll do anything and everything to get into FSU.
Graham　I'll cross my fingers for you!

Graham　토플 시험에 관해서는 잘 모르지만, 제가 알기로 영어 실력을 향상시키기 위해서는 영어를 사용하고 연습해야 한다고 하네요.
유호　조언 감사드립니다. 충고 받아들일게요. 저는 플로리다 주립대에 입학하기 위해서라면 뭐든지 할 거예요.
Graham　행운을 빌어 드릴게요!

위의 대화 속에서 to부정사들은 모두 문장 전체를 꾸며 주는 부사적 기능을 하고 있다. '여자친구와 함께 있기 위해서'(to be with my girlfriend), '범죄학을 공부하기 위해서'(to study criminology), '영어 실력을 향상시키기 위해서'(to improve your English skills), '플로리다 주립대에 입학하기 위해서'(to get into FSU)와 같이 '~하기 위해서'로 해석된다. 이 경우, 'to~' 대신, 의미를 좀 더 명확하게 해 주는 'in order to~'를 쓰기도 한다. 즉, 해당 문장들을 다음과 같이 바꾸어 써도 똑같은 말!

- I came here in order to be with my girlfriend.
- I came to America in order to study criminology.
- ... you should use and practice English in order to improve your English skills.
- I'll do anything and everything in order to get into FSU.

아선생은 학생들에게 to부정사가 가진 기능 중에서 이러한 부사적 기능이 사용하기 가장 쉽다고 주장하곤 하는데, 이유인즉, 다른 고민 하나~도 할 것 없이 그냥 완성된 문장 뒤에 to부정사만 갖다 붙이면 되기 때문이다. 증거를 보여 드릴테니, 다음의 문장들을 보자.

- She goes to the gym twice a week.
  그녀는 일주일에 두 번 헬스클럽에 가.
- I watch American sitcoms.
  난 미국 시트콤을 봐.
- He bought a bunch of flowers.
  그는 꽃 한 다발을 샀어.

위의 각각의 문장에 '살을 빼기 위해서', '듣기 실력을 향상시키기 위해서', '아내와 화해하기 위해서'라는 말을 더하려면, 그 문장들 모두 그대로 두고 뒤에 to부정사만 하나씩 붙이면 된다.

- She goes to the gym twice a week to lose weight.
  살을 빼기 위해서 그녀는 일주일에 두 번 헬스클럽에 가.
- I watch American sitcoms to improve my listening skills.
  듣기 실력을 향상시키기 위해서 난 미국 시트콤을 봐.
- He bought a bunch of flowers to make up with his wife.
  아내와 화해하기 위해서 그는 꽃 한 다발을 샀어.

어떠신지? 영어, 쉽다고 생각하면 쉽나니~ 그 밖에 to부정사의 부사적 용법이 만들어내는 다양한 표현들을 한 편의 Dialogue에서 모두 만나보자.

(On TV)

Anchor The police arrived there only to find that an unidentified man ran off after setting off the fire. To make things worse, the weather was very dry and... (TV screen goes blank!)

Scott Uh-oh, I think we're having a **blackout**[1].

Quincy It's too dark to see. Worse yet, it's pitch-dark outside tonight. Shoot, it looks like the whole city is having a blackout.

Scott I'm looking for the flashlight, and it's nowhere.

Quincy Don't bother **fumbling for**[2] the flashlight. It ran out of batteries, anyways. Hey, what's this? I feel something here under this table. Oh, it's a lighter! This lighter flame is bright enough to see things in this room.

---

1. blackout: 정전
2. fumble for: 어두운 곳에서 손을 더듬어 찾다

(TV에서)

앵커 경찰이 그곳에 도착했을 때는 이미 정체불명의 한 남자가 불을 내고 달아난 후였습니다. 설상가상으로, 날씨는 아주 건조했고, ... (TV화면 먹통...)
Scott 어, 우리 정전인가 봐.
Quincy 너무 어두워서 볼 수가 없어. 게다가, 오늘 밤은 칠흑같이 어둡네. 도시 전체가 정전인 것 같아.
Scott 내가 플래시를 찾고 있는데, 아무 데도 없네.
Quincy 더듬거리면서 플래시 찾을 필요 없어. 어차피 배터리가 다 나가고 없거든. 어, 이게 뭐지? 이 테이블 밑에 뭔가 있는 것 같아. 오우, 라이터다! 이 라이터 불꽃은 이 방 안에 있는 것들을 볼 수 있을 만큼 충분히 밝아.

'only to~'는 문자 그대로 해석하면 '고작 ~하려고'가 되겠는데, 어떤 행동을 했지만 성과가 없었을 때 쓰는 표현이다. 위의 앵커가 말하고 있는 문장에서도 경찰이 현장에 도착했지만, only to~뒤의 내용상 별다른 성과가 없었다고 볼 수 있다. 독자님의 확실한 이해를 돕기 위해 다른 예를 더 들어 드리면:

- Harry studied very hard only to fail the bar exam.
  Harry는 공부를 매우 열심히 했지만 사법고시에 떨어졌다.

- He drove all the way to New York only to find that his girlfriend was going out with another guy.
  그는 뉴욕까지 운전해서 가서, 그의 여자친구가 다른 남자랑 사귄다는 사실만 알게 되었다.

'To make things worse'는 '설상가상으로'라는 의미로 'to be honest with you'(솔직히 말하면), 'to make a long story short'(한 마디로; 긴 이야기 짧게 하면) 등과 함께 부정사가 만들어 내는 수많은 관용적 표현 중 하나! 마지막으로 "It's **too dark to see**."에서 보시는 것과 같이 'too~to~'(너무 ~해서 ~할 수 없다)는 문장 속에 'not'이 없음에도 불구하고 부정문으로 해석이 된다. 영어에서 'too'는 우리말의 '너무'와 같이 부정적인 의미로 해석된다. 사실 한국어에서도 우리가 흔히 쓰는 "너무 좋다"라는 말이 어법상 틀린 표현이라고 한다. '너무'는 한국어에서도 부정적인 어휘를 꾸밀 때 사용되기 때문이다. 뭐든 지나친 것은 모자람만 못하니… 덤으로 'enough to~'는 '~ 할 만큼 충분히'라는 뜻으로 형용사를 수식한다. 이 정도면 "Good enough!" 게임 끝!

게임은 끝났으나, 아직 연장전이 남아있다! 연장전에서는 to부정사가 가진 멀티플레이어의 진수를 보여드리겠단다. 명사, 형용사, 부사 기능들을 전부 다 한꺼번에 화려하게 펼치는 to부정사의 활약상을 함께 보자.

Sarah Greg and Gloria are getting divorced, and I'm so disappointed at Greg! How can he do this to her?

Elsie I don't know what to say. All I can tell you is I'll take no one's side. You know, **it takes two to tango**[1].

Sarah I'm not talking about the divorce itself. To make a long story short, Gloria will get **custody of their children**[2], but Greg is not willing to pay any **child support**[3]. We all know that he has money to burn.

Elsie Where did you hear that? It's really interesting to see how the rumor mill works.

Sarah It's not a rumor; I overheard their conversation.

Elsie Come on, Sarah! It's not nice to eavesdrop.

Sarah Please don't get me wrong! I didn't eavesdrop on their conversation. I accidently overheard what they were saying.

Elsie In any case, the law is going to take care of it, so don't be so nosey! Leave it alone!

Sarah I don't want to be nosey, but I need to be nosey this time. Gloria tried everything (in order) to improve their relationship. Last year, she **went overboard**[4] preparing for Greg's birthday party only to find that he had gone on a birthday trip with his ex-girlfriend. He was obviously **cheating on**[5] her.

Elsie Is that true? Does he think he's too good to be her husband or what?

Sarah Yeah. I guess Gloria decided that **enough was enough**[6].

1. It takes two to tango: 손뼉도 마주쳐야 소리가 난다
2. custody of their children: 양육권
3. child support: 양육비
4. go overboard: 무리하다
5. cheat on~: ~몰래 바람피우다
6. enough is enough: 그 정도면 충분하다

Sarah   Greg와 Gloria가 이혼하는데, 난 Greg한테 정말 너무 실망이야! 걔가 그녀한테 어떻게 그럴 수가 있지?
Elsie   난 무슨 말을 해야 할지 모르겠다. 내가 말할 수 있는 전부는 난 누구 편도 안 들거라는 거야. 손뼉도 마주쳐야 소리가 난다는 것 너도 알잖아.
Sarah   난 지금 이혼 그 자체를 말하는 것이 아냐. 긴 이야기 짧게 하면, Gloria가 아이들 양육권을 갖게 될 건데, Greg가 아이들 양육비를 한 푼도 지급 안 하겠대. 우리 모두 걔가 얼마나 부자인지 알잖아.
Elsie   그거 어디서 들었니? 근거 없는 소문이 어떻게 퍼지는지 보면 참 재밌어.
Sarah   루머가 아니야; 내가 걔네들 대화 우연히 들었어.
Elsie   이거 봐, Sarah 양! 엿듣는 건 좋은 게 아니에요.
Sarah   제발 내 말을 오해 좀 하지 마! 그들의 대화를 엿들은 게 아니라, 우연히 그들이 말하고 있는 걸 듣게 되었다고!
Elsie   어쨌든, 법이 알아서 할 일이니, 넌 너무 참견 마. 그대로 내버려 둬.
Sarah   난 참견쟁이가 되고 싶지는 않지만, 이번에는 참견 좀 해야겠어. Gloria는 그들의 관계를 개선해 보려고 모든 걸 시도했어. 작년에는 Greg의 생일 파티를 아주 열심히 준비했는데 Greg는 이미 옛날에 헤어졌던 여자친구와 생일 여행을 떠나고 없었어. 그가 그녀 몰래 바람을 핀 게 확실해.
Elsie   그게 사실이야? 자기가 너무 훌륭해서 그녀의 남편이 될 수 없다고 생각하는 거야, 뭐야?
Sarah   맞아. Gloria가 그 정도면 할 만큼 했다고 결론 내린 것 같아.

지금까지 전 경기에 걸쳐서 명사, 형용사, 부사의 기능까지 하는 멀티 플레이어, to부정사의 활약상을 보셨다. 그런데 to부정사가 아무리 명사, 형용사, 부사의 기능을 한다고 해도 결국 태생은 동사 출신! 그러다 보니, to부정사를 형성하는 해당 동사가 말하고 있는 행위를 하는 사람이 반드시 존재하게 마련이다. 그 사람이 누구인지 문맥 속에서 쉽게 알 수 있을 때 미국인들은 '말하지 않아도 알아요~♪'라며 말 안 한다. 예를 들어, "I want to make the decision as soon as possible." (난 그 결정을 가능한 빨리 하고 싶어요.)라는 문장에서, 'to make the decision' 하는 사람은 나(I)라는 사실을 문맥 속에서 쉽게 알 수 있기 때문에 굳이 그게 누구인지 표시 안 해 줘도 된다는 말이다. 이때, 'to make the decision' 하는 사람이 내가 아니고 다른 사람일 때는 당연히 표시를 해 주어야 한다. 왜냐? 말 안 하면 모르니까!

I want *you* to make the decision AS SOON AS *possible.*

- I want you to make the decision as soon as possible.

    난 당신이 그 결정을 가능한 빨리 해 주길 원해요.

- I want him to make the decision as soon as possible.

    난 그가 그 결정을 가능한 빨리 해 주길 원해요.

- I want Mrs. Robinson to make the decision as soon as possible.

    난 로빈슨 부인이 그 결정을 가능한 빨리 해 주길 원해요.

to부정사 앞에 달랑 you, him, Mrs. Robinson 등을 갖다 붙이기만 하면 되니 참으로 쉽지 아니한가? 의문문을 만들 때에도 당황하지 말고 똑같이!!

- Do you want to go to the party? 넌 그 파티에 가고 싶어?
- Do you want me to go to the party? 넌 내가 그 파티에 가길 원해?
- Do you want her to go to the party? 넌 그녀가 그 파티에 가길 원해?
- Do you want Mr. Gates to go to the party?

    넌 Gates 씨가 그 파티에 가길 원해?

그런데 문제는 to부정사의 의미상 주어를 붙이는 일이 항상 이렇게 간단한 건 아니다. 오리지널 주어, 가짜 주어를 논하며 배우셨던 바로 그 구조에서는 다음과 같이 for이 하나 더 붙는다.

CASE 1 It seems very hard to make a decision.

결정을 한다는 건 힘든 일 같아.

CASE 2 It seems very hard for me to make a decision.

결정을 한다는 건 내겐 힘든 일 같아.

CASE 3 It seems very hard *for you* to make a decision.
결정을 한다는 건 너에겐 힘든 일 같아.

CASE 4 It seems very hard *for him* to make a decision.
결정을 한다는 건 그에겐 힘든 일 같아.

여기서 주목하실 점은, (Case 1)과 같이 아무것도 없이 그냥 "It seems very hard to make a decision."이라고 하면 특정인이 결정을 내리는 것이 아니라 일반인 모두에게 해당하는 일반적인 사실을 말한다는 것이다. 이렇게 모든 사람들에게 해당되는 말이니 굳이 의미상의 주어를 붙일 필요가 없다. 나머지는 to부정사가 나타내는 행위의 주어가 되는 사람들이, 각각의 to부정사 앞에 〈for + 목적격〉의 형태로 위치해 있다. 그런데 이런 문장 구조의 경우 무조건 〈for + 목적격〉이면 참 좋겠지만, 가끔씩 〈of + 목적격〉을 써야 할 때도 있다. 어떤 때? nice, sweet, kind, generous 등과 같이 사람의 성격/품성 등을 나타내는 상황과 문맥 속에서는 of:

- It's very kind *of him* to help her.
  그녀를 도와주다니 그는 참 친절해.

- It's very nice *of you* to come and visit me.
  이렇게 와서 날 방문해 주다니 넌 참 친절하구나.

- It's so sweet *of you* to say such a thing.
  그런 말을 해 주다니 넌 참 상냥하구나.

- It's very generous *of him* to pay for all of us.
  우리 것도 전부 다 지불해 주다니 그 사람 참 후하군.

이렇게 예문만 달랑 보지 말고, 이제는 대화문을 통해서 전체 문맥과 함께 그 쓰임새를 느껴 보자! Grammar-in-context를 공부하자는 말!

문맥 속의 다양한 표현들은 셀프~

Ms. Stacey　The principal was very upset. It's very generous of him not to reprimand you this time... but Kyle! I don't want any of my students to be reprimanded, and I need you to be cooperative. Is it that difficult for you to **shape up**[1]?

Kyle　Ms. Stacey, it's a little hard for me to stay focused in class, but I'll try my best to **behave myself**[2]. I promise! Because you're my favorite teacher!

Ms. Stacey　It's so sweet of you to say such a thing. Since you promise me, I'll trust you.

---

1. shape up: 행동을 똑바로 하다
2. behave oneself: 행동을 똑바로 하다

Ms. Stacey　교장선생님께서 많이 화가 나셨어. 이번에 널 벌주지 않으신 건 참으로 너그러우신 거야. 하지만 Kyle! 난 내 학생들 중 어떤 학생도 징계 받기를 원하지 않고, 그래서 네가 협조해 줄 필요가 있어. 행동을 똑바로 하는 게 네겐 그렇게 어렵니?

Kyle　Stacey 선생님, 저한테는 수업 시간에 계속해서 집중한 상태로 있기가 조금 힘들지만, 좀 더 똑바로 행동하도록 노력할게요. 저 약속해요! 왜냐면 선생님은 제가 정말 좋아하는 선생님이시니까요!

Ms. Stacey　그런 말을 하다니, 넌 참 상냥하구나. 네가 약속을 하니, 내가 널 믿으마.

CHAPTER 11

맨발의 부정사
(Bare infinitive: 원형부정사)

BARE INFINITIVES

맨발은 영어로 'bare feet', 맨발의 부정사는 영어로 'bare infinitive'! 맨발의 청춘도 아니고 맨발의 부정사라니?? 여기서 이 'bare'라는 단어는 '맨발'의 '맨'뿐만 아니라, '발가벗은'이라는 의미도 있는 단어이다. 그러니 독자님께서 생각하시는 대로 'Bare infinitive'란 to부정사에서 옷인지 신발인지 양말인지 모를 이 거추장스러운 to를 벗기면 남는 동사원형을 말하는 것이다. 그러나 그것이 to부정사의 트레이드마크인 to가 없음에도 불구하고 동사가 아니라 부정사라 불리는 이유는 to만 없다 뿐이지, 그 기능이 부정사와 똑같기 때문이다. 이도 역시 장황한 문법 설명보다는 아선생이 특유의 교육 철학과 장인 정신으로 창작한 대화를 통해서 쓰임새를 파악해 보면서 직감을 키워 보자. 그럼, 이것이 무엇에 쓰는 물건인고~ 하니~ 얼쑤!

Jessica	We're in trouble! The wedding singer went to the **ER**[1] because of asthma, and the wedding ceremony is in 5 hours. Can you help me find a wedding singer?
Brenda	What about Simon, who's the son of the wedding singer?
Jessica	**Stop pulling my leg!**[2] I've never even heard him sing!
Brenda	I'm not kidding. I heard him sing many times, and he really has a beautiful voice! Don't you know the expression, "Like father, like son"?
Jessica	OK, I'll have him sing, then. Do you know how to reach him?
Brenda	I have his cell number.
Jessica	Could you please call him and let me talk to him right away?
Brenda	Let me try.

1. ER = Emergency Room (응급실)
2. Stop pulling my leg!: 농담하지 마!

Jessica	문제가 생겼어! 웨딩싱어가 천식 때문에 응급실에 갔는데, 결혼식이 5시간 후야. 웨딩싱어 구하는 것 좀 도와줄 수 있니?
Brenda	그 웨딩싱어 아들인 Simon은 어때?
Jessica	농담하지 마! 걔가 노래하는 거 들어 본 적조차 없어!
Brenda	농담이 아냐. 걔가 노래하는 것 많이 들어 봤는데, 걔 정말 아름다운 목소리를 가졌어. 넌 "부전자전"이란 말도 몰라?
Jessica	오케이, 그럼 걔가 노래하게 할게. 걔한테 어떻게 연락해야 하는지 아니?
Brenda	내가 걔 휴대폰 번호 알아.
Jessica	걔한테 지금 당장 전화해서 내가 이야기할 수 있게 해줄 수 있어?
Brenda	한번 해 보자.

대화 속에서 색깔로 표시된 단어들을 다시 한번 주시해 보자. 생긴 건 영락없는 동사원형인데, 녀석들이 하는 기능은 목적보어다. 지금까지 공부한 to부정사의 명사 기능과 똑같다! 이들이 바로 우리가 파헤치고자 하는 to를 벗어버린 맨발의 부정사이다. 유식한 말로는 원형부정사라고 불리는 이를 독자님께서는 중학교 때 이미 배우셨다. 혹시 지금 사역동사니, 지각동사니 하는 요상한 단어들이 떠오르지 않으신지? 아 선생은 중학교에 다니던 그때 그 시절, 영어책을 펴면 국어사전을 쓸 일이 더 많았던 쓰라린 기억이 있다. 사역동사라니! 사역이 뭐지? '사역'이란 한자의 부릴 사(使)자와 부릴 역(役)자가 합해진 단어로, 다음(DAUM)의 국어사전에 의하면, '사람을 부리어 일을 시킴. 또는 시킴을 받아 어떤 작업을 함'이라는 말이라는데... 영어에는 이렇게 다른 사람이 시키는 일을 하게 하는 동사로 Let(~하게 하다), Make(~하게 만들다), Have(~하게 하다) 등이 있다. 이런 사역동사 뒤에는 목적보어로 to 없는 맨발의 부정사가 오신다:

- Baby, let me be your man! – Brian MaComas
  그대여, 내가 당신의 남자가 되게 해 줘요잉! - Brian MaComas의 노래 가사

- She always makes me feel good about myself.
  그녀는, 내가 나 자신이 좋은 사람인 것처럼 느끼게 만든다.

- I had Kimberly cut my hair.
  난 Kimberly가 내 머리를 자르게 했어.

'사역동사' 하니, '준사역동사'라는 단어도 기억이 가물가물하지 않으신지? 준사역동사란 사역의 의미를 반쯤 가지고 있어서 사역동사처럼 원형부정사를 목적보어로 가지기도 하지만, 또 그렇다고 완전한 사역동사도 아니어서 그냥 to부정사를 취하기도 한다. 쉽게 말해, 반쪽짜리 사역동사! 대표적인 준사역동사로는, 1960년대 비틀스의 최고 히트곡, 'Help!' (~하는 것을 돕다)가 있다:

- I was wondering if you could help me (to) carry these bags.

  당신이 이 가방들을 옮기는 걸 도와주실 수 있으신지요?

- My friends helped me (to) unpack things after moving here.

  내 친구들이 내가 여기 이사 와서 짐을 푸는 것을 도와줬어.

사역, 준사역동사 외에 지각동사 뒤에도 목적보어로 맨발의 부정사가 오신다. 출석도 아닌 지각동사라니? 한자의 알 지(知)자와 깨달을 각(覺)자가 합해진 단어인 이 지각동사에는 'see', 'watch', 'look at', 'hear', 'listen to', 'feel' 등이 있다. 보아서 알고, 들어서 알고, 느껴서 알고 깨닫게 되니 이들이 지각동사인 걸까?

- I saw him go out with his ex.

  난 그가 그의 전 여자친구와 데이트하는 걸 봤어.

- I watched the children play soccer.

  난 그 아이들이 축구하는 걸 봤어.

- Come and look at my little boy dance.

  와서 내 조그만 아들 녀석 춤추는 것 좀 봐.

- I didn't hear you come in.

  난 네가 들어오는 소리 못 들었어.

- Do you wanna listen to my little girl sing?

  내 어린 딸 아이가 노래하는 것 들어볼래?

- Did you just feel the earth shake?

  지금 막 땅이 흔들리는 것을 느꼈니?

지금까지 우리는 이미 중고교 때 집중적으로 공부했던 원형부정사의 용법을 복습해 보았다. 지금부터는 한국의 교실에서는 중점적으로 가르쳐 주지 않지만, 실제 미국인들이 일상회화에서 흔히 쓰는 원형부정사 용법을 맛보시겠다. 주어 자리에 'do'가 들어간 표현이 있을 경우, 네이티브 스피커들은 그 주격 보어 자리에 to부정사보다는 주로 원형부정사를 쓴다.

- All I want to do is get some rest.

  내가 원하는 전부는 휴식을 좀 취하는 것일 뿐이야.

- My favorite thing to do on a rainy day is listen to Jazz music.

  비 오는 날 내가 하기 좋아하는 일은 재즈 음악을 듣는 거야.

- What this rocking chair does is soothe a crying baby.

  이 흔들의자가 하는 기능은 우는 아기를 달래 주는 거지.

- I don't know what made him tired 'cause all he did was sleep.

  난 뭐가 그를 피곤하게 만들었는지 모르겠어, 왜냐하면 그가 한 거라곤 잠잔 것밖에 없거든.

이런 문장들을 만나면 아선생의 순진한 제자들은, "헉! 선생님 한 문장에 동사가 두 개나 있어요! 접속사도 없이 말이에요!"라며 놀라곤 하지만, 이들의 정체는 동사가 아니라 부정사이다. 단, 맨발로 오셨기에 우리가 진즉에 알아볼 수 없었을 뿐… 바꾸어 말하면, 위의 모든 문장에서 색깔로 표시된 부분을 'to get some rest', 'to listen to Jazz music', 'to soothe a crying baby', 'to sleep'이라고 해도 사실상 문법적으로는 문제가 없다. 하지만 이런 경우, 미국인들은 주로 to없이 원형부정사를 취한다는 사실을 반드시 기억하자.

이렇게까지 열공! 하셨으니, 이제는 이들 원형부정사가 쓰인 살아있는 대화를 하나 더 들어 보시면서 그 쓰임새를 또 한 번 관찰해 보자. 지난 대화에서는 '다만 하나의 몸짓에 지나지 않았던' 원형부정사들이 이제 독자님에게로 다가와서 '꽃'이 되길 아선생은 기대해 본다. 이제 그 꽃으로 부케도 만들고 화환도 만들어 보자!

Jenny Hey, I didn't see you come in. How long have you been sitting there?

Maria I don't know, and I don't care. Just leave me alone.

Jenny What's the matter with you? Is there anything that's bothering you?

Maria I can't figure out what's wrong with Julie. She's so hard to please, and she's never in a good mood. It seems like nobody can ever make her laugh.

Jenny That's not true! I heard her laugh many times. At Diane's birthday party, I even saw her dance. She looks like a fun person to me.

Maria Then maybe it's just me. Did I do something wrong? Or do I make her feel uncomfortable?

Jenny I don't think that's the case, so don't take it personally[1]! I get the impression that it just takes time for her to open up. When I first met her, it took a long time to break the ice[2]. Why don't you give her some time?

Maria OK, I'll just let her take her time.

Jenny And even if she doesn't open up, don't let it bother you. You can't please everyone.

Maria I don't wanna please everyone. All I want to do is *understand* her.

1. take it personally: 어떤 일을 감정적으로 받아들이다
2. break the ice: 어색함을 깨다

Jenny   어, 난 네가 들어오는 것 못 봤어. 언제부터 거기 앉아 있었던 거야?
Maria   몰라, 알 게 뭐야. 그냥 나 혼자 내버려 둬.
Jenny   무슨 일이야? 뭐 짜증나는 일이라도 있어?
Maria   Julie 걔 문제가 뭔지 모르겠어. 걔는 정말 잘 지내기 힘든 애고, 또 절대로 기분 좋은 날이 없어. 내가 보기엔 아무도 걔를 웃게 만들 수 없는 것 같아.
Jenny   그렇지 않아! 난 걔가 웃는 것 여러 번 들었어. Diane의 생일파티 때, 걔가 춤추는 것까지 봤어. 내가 보기에는 걔가 재미있는 사람 같은데.
Maria   그렇다면, 문제는 나인가 봐. 내가 뭘 잘못한 거야? 아님, 내가 그녀를 불편하게 만들어?
Jenny   내가 보기에 그래서 그런 건 아닌 것 같으니까, 감정적으로 받아들이지는 마. 나는 그 애가 마음을 여는 데 시간이 좀 걸린다는 인상을 받고 있어. 내가 처음 걔를 만났을 때, 어색함을 깨는 데 아주 오랜 시간이 걸렸거든. 그냥 걔한테 시간을 좀 주는 게 어때?
Maria   그래, 난 그냥 시간을 두고 기다려 볼게.
Jenny   그리고 걔가 마음의 문을 열지 않는다고 해도, 그것 때문에 괴로워하지는 마. 모든 사람을 만족시킬 수는 없어.
Maria   난 모든 사람을 만족시키려는 게 아냐. 내가 원하는 건 그저 걔를 이해하고 싶을 뿐이야.

쉬어 가는 페이지 3

**아선생의
영어 공부에 도움이 되는
외국어습득이론 3:**

말이란
오고 가는 것!

(쉬어가는 페이지 2에서 계속…)

그런데!!!!!!!!!!! 난데없이, comprehensible input(이해 가능한 인)이 언어 습득에 필요조건이기는 하지만 충분 조건은 결코! 절대로!! 네버!!!!!!! 될 수가 없다면서 Krashen의 이론에 반기를 든 이가 있었으니, 그의 이름은 바로 마이클 롱(Micheal Long)이었다. 마이클 잭슨이 팝의 황제이고, 마이클 조단이 농구의 황제라면, 우리의 마이클 롱께서는 언어 습득이론의 황제이시다! Long은 언어 습득의 과정에서 comprehensible input(이해 가능한 인풋) 그 자체보다는 대화(interaction) 속에서 어떻게 인풋이 이해 가능하게 만들어지는지, 그 과정에 좀 더 무게 중심을 두었다. 그는 그 과정을 한마디로 'interactional modification' **(대화자 상호 간에 서로 언어를 조절함)**이라고 표현했으며, 이를 바로 언어 습득의 핵심요소로 보았다.

영어 교육에서 말하는 이 '상호 간의 언어를 조절함'이 대체 무엇인지 학습자와 교육자의 입장을 나누어서 구체적으로 살펴보자. 교육자의 입장에서는 학습자와 영어로 대화를 할 때, 자신이 쓰는 영어를 좀 더 단순화(linguistic simplification)하여 그 인풋을 학습자가 충분히 이해하게끔 유도하는 것이 그 대표적인 예다. 더불어 학습자가 그 인풋을 이해했는지, 못했는지 지속적인 체크(comprehension check)를 하면서, 혹시라도 이해 못한 부분이 있으면 같은 내용을 가진 다른 문장이나 표현으로 바꿔서 다시 말해 주는 것(paraphrase, self-repetition)도 교육자의 입장에서 취할 수 있는 언어조절의 구체적인 예들일 것이다. 아선생의 수업에서 그 사례를 한번 찾아보자면, 먼저 표현의 경우…

(Case 1)

아선생: Can you please elaborate on your idea?

학생: Oh…. Pardon me? What does that mean?

아선생: Can you please elaborate on your idea? What I mean is tell me more about it. I mean... be more specific.

학생: OK, what I said was blah blah blah…

(Case 2)

학생: There is three tangerine on the table.

아선생: How many tangerines are there?

학생: Three tangerines. There are three tangerines. By the way, what's the difference tangerines and oranges?

아선생: The difference between what and what?

학생: The difference between tangerines and oranges.

아선생이 처음 한 질문은 학생이 알아듣지 못했지만, 아선생이 똑같은 문장을 반복하면서, 좀 더 쉬운 표현까지 덧붙였을 때는 학생이 그 표현을 배우고 이해함과 동시에 대화는 계속해서 진행된다. 해당 학생이 그 표현을 습득하게 하려고 아선생이 학생에게 인풋되는 언어를 조절했다고 보시면 되겠다. 그리고 문법의 경우는…

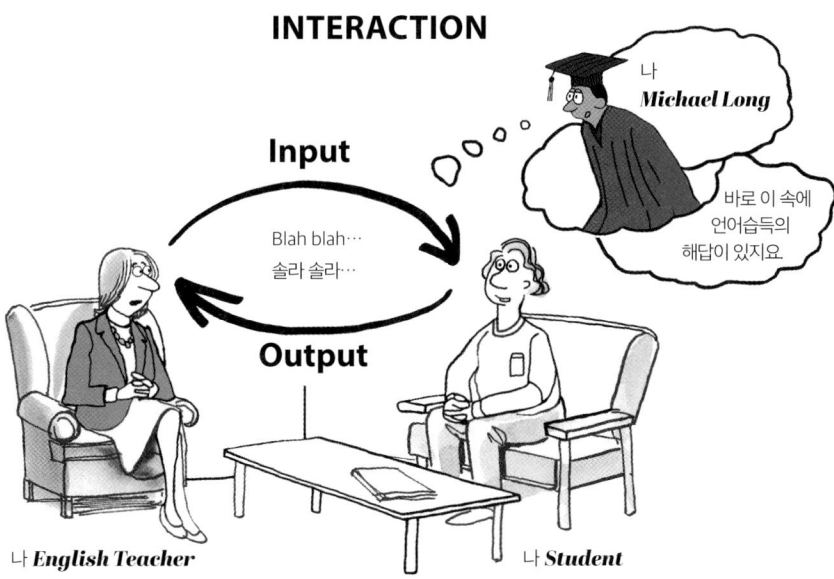

위의 대화를 보시면서 독자님께서는 아선생이 가는 귀가 먹었나~ 하실 테지만, 절대 오해 마시라! 아선생은 청력이 뛰어나고 건강한 보통 체력의 한국 아줌마! 전~부 다 알아들었음에도 불구하고, 학생 스스로 자신의 문법 실수를 인지하고 정확하게 고쳐나가게끔 하기 위해서 아선생이 적절히 조절된 언어로 계속된 질문 공세를 펼친 것일 뿐이다. 이는, 해당 학생이 정확한 문법 사용을 습득할 수 있도록 강사의 입장에서 인풋 언어를 조절한 한 사례라고 보시면 된다.

그렇다면, 학습자의 경우에는 이 언어 조절이라는 놈이 어떻게 이루어질까?
(Case 2)의 대화 속에는 학습자의 입장에서 언어를 조절하는 사례도 찾아보실 수 있는데, 학습자의 경우는 그것이 다소 수동적으로 행해진다. (Case 2)에서 보이는 것처럼, 학습자의 난이도에 맞게 교육자에 의해 조절된 언어 input의 영향을 받아 자신의 아웃풋(output)▶을 하나씩 좀 더 정확하게 고쳐나가는 그 과정 자체를 학습자의 언어 조절로 보시면 된다. 이는 교육자의 그것에 비해서는 다소 수동적이지만, 학습자가 마음먹기에 따라서 충분히 능동적으로 이루어질 수 있는 과정이다. 네이티브 스피커와 대화를 할 때, 적극적으로 자신이 쓰는 영어에서 잘못된 문법 사용을 깨달으려고 노력하면서 하나씩 둘씩 고쳐나가는 것, 또는 자신의 영어 속에서 영어답지 못한 표현들을 스스로 찾아가면서 그것들을 좀 더 영어답게 다듬어나가는 것은 '수동적인 태도'만으로는 결코 이루어질 수가 없는 과정들이기 때문이다.

어쨌거나 Long은 이러한 **상호 간의 언어조절이 인풋을 이해 가능하게 만들어줌과 동시에 학습자의 언어 습득을 촉진한다**고 주장했다. Krashen 또한 후에 comprehensible input(이해 가능한 인풋)이 언어 습득에 필수 요소이기는 하지만, 그것만으로는 결코 충분치가 않다는 사실을 인정하게 되고, 이후 언어교육 분야에서의 대세는 Long의 interactionism(**상호 간의 언어조절을 통한 습득이론**) 쪽으로 흐르게 된다.

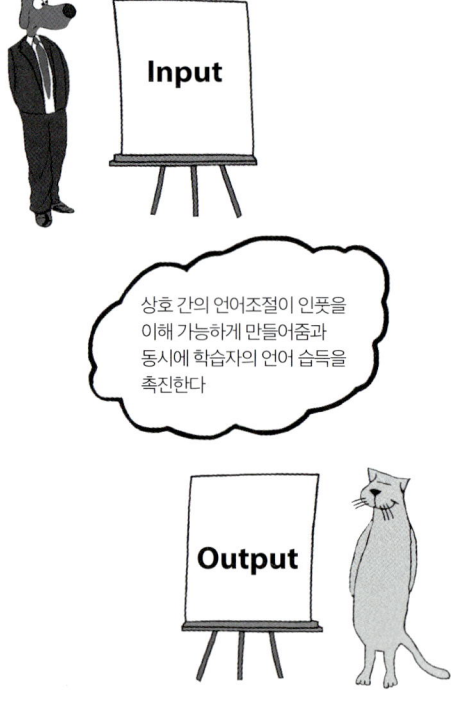

▶ 언어 교육에서 아웃풋(output)이란 인풋(input)과 대비되는 개념으로 학습자가 생산해내는 모든 언어 샘플을 말한다. 예를 들어, 영어 교육에서라면 말하기 시간에 학습자의 입에서 나오는 영어나, 쓰기 시간에 학습자가 작문한 내용과 같이 학습자가 생산해 내는 모든 형태의 영어를 아웃풋(output)으로 보시면 된다.

그렇다면 Krashen의 연구 결과 및 이론은 정녕 무용지물이란 말인가? 그건 절대로 그렇지가 않다. 읽기나 듣기 교육에서만큼은 Krashen의 인풋이론이 상당한 도움이 됨을, 아선생은 경험을 통해서 깨달았다. 아선생이 고등학교 다닐 때 새벽잠을 설쳐가며 들었던 <오성식의 굿모닝팝스>가 이를 잘 증명해 준다. 당시 대한민국의 아침을 깨웠던 오성식 선생님의 영어 수업이 지금 생각해 보니 세상에 ~ 딱 Krashen의 인풋이론과 일맥상통하는 교수법이었다! 오성식 쌤께서는 영화 속의 한 장면을 처음엔 그냥 들려주신 다음, 그 장면에 나오는 문장과 표현 하나하나를 네이티브 스피커와 함께 친절하게 설명해 주셨다. 복잡한 문법 구조를 가진 문장은 쉬운 설명으로 이해시켜 주셨고, 어려운 표현들은 모두 이해 가능한 단순한 표현으로 바꿔 주시면서 말이다. 그 후, 같은 영화 장면을 두 번, 세 번 다시 반복해서 들려 주셨는데, 그 장면을 맨 처음 들려줄 때는 당시 갓 중학교를 졸업한 아선생은 어쩌다 한두 단어만 알아들을 뿐 쇠귀에 경 읽기가 따로 없었다.

다시 말해, 그것은 아무리 반복해서 들어도 습득되기 힘든, 당시의 내게는 별 의미 없는 인풋이었다. 왜냐면 무슨 말인지 알아먹지를 못했으니까!(Completely Incomprehensible)! 그러나 20여 분 간의 오성식 선생님의 수업 후에 같은 장면이 내게 이해 가능한 인풋(comprehensible input)으로 새롭게 변신해 있었고, 일단 이해가 가능해진 인풋으로 변신하고 난 후에는 귀에 쏙쏙 들어오다 못해 착착 달라붙는 것이었다. 그냥 들었으면 당시의 내게는 학습적인 의미가 거의 없는 영화 속의 한 장면을 오성식 선생님께서 이해 가능한 인풋(comprehensible input)으로 전환해 주셨고, 그 결과 어린 아선생이 영어 학습의 도구로 사용할 수 있게 된 것이다. 이걸 오선생님께 감사드려야 하나, Krashen 박사님께 감사드려야 하나…

CHAPTER 12

~ing가 다른 걸 꾸밀 때는
동명사가 아니라
현재분사!

**PRESENT PARTICIPLES
(~ING)**

독자님께서는 <Chapter 10>에서 to부정사가 명사, 형용사, 부사의 기능까지도 수행해내는 것을 목격하셨다. 그렇다면 동명사는 어떨까? 그 이름을 보라! 동**'명사'**가 아닌가! 즉, 동명사는 to부정사처럼 멀티플레이어가 아니라, 딱 명사 기능만 한다. 동명사의 명사 기능에 관해서는 더 이상 설명이 필요 없을 것 같으니, 그냥 다음의 대화를 들으시면서 쓰임새에 대한 감각만 다시 되새겨 보자. 대화 속의 살아있는 표현들은 덤으로 함께 배우시면서~ Let's kill two birds with one stone! (일석이조) 한국말로 하면, 도랑 치고 가재 잡고, 누이 좋고 매부 좋고, 마당 쓸고 돈 줍고!

Shelby Did you hear that? Susan had been being harassed by her supervisor for a long time, and she finally stood up to him and charged him with sexual harassment.

Lena Oh, that's why she has been kind of **edgy**[1] these days. By the way, what if the supervisor denies harassing her?

Shelby He already admitted to harassing her▸ and apologized. She's now considering **dropping the case**[2]. However, she said forgiving him and making up might not be easy for her.

Lena I understand her. At times, the most difficult thing is forgiving. Besides, I would never forgive him. But I know Susan, and she'll forgive him after all.

Shelby In any case, I hope he'll stop harassing her.

Lena Let's hope for the best!

---

1. edgy: 신경이 날카로운
2. drop the case: 고소를 취하하다

▸ 이 경우, 네이티브 스피커들은 "He already admitted harassing her."라고 말하기도 하는데, 어느 쪽이든 동명사를 취해야 한다는 사실에는 변함이 없다.

Shelby 그거 들었어? Susan이 그녀의 직속 상사한테 오랫동안 시달렸는데, 드디어 그 남자한테 용감히 맞서고 성희롱으로 고소했어.

Lena 아, 그래서 요즘 걔가 신경이 날카로웠던 거구나. 근데 그 상사가 성희롱한 사실을 부정하면 어떡해?

Shelby 그 사람이 이미 그녀를 성희롱한 것을 인정했고 사과까지 했어. 지금 걔가 고소를 취하할 것을 고려 중이야. 하지만 그녀가 그를 용서하고 화해하는 건 힘들 것 같다고 하더라고.

Lena 난 그녀를 이해해. 때로는 가장 어려운 일이 용서하는 것이더라고. 게다가 나 같으면 절대로 그를 용서 못 해. 하지만 내가 Susan을 아는데, 결국에는 그를 용서할 거야.

Shelby 어쨌거나, 이제 그 사람이 그녀를 그만 괴롭혔으면 좋겠다.

Lena 잘 되길 바라자고!

앞의 대화에서 보이듯, 동명사가 주어 자리, 목적어 자리, 보어 자리를 차지하면서 명사 기능을 완벽하게 하고 있다. 하지만!!!!!!!!! 이렇게 쉬울 수가~라고 방심하시는 순간! 잠시 검문이 있겠습니다!!

Matt Who's the crying baby's dad? Isn't he the smoking man on the porch?
Martin No, his son is the sleeping baby over there.

Matt 저기 우는 애 아빠가 누구야?
베란다에서 담배 피우는 남자 아냐?
Martin 아냐. 그 남자의 아이는 바로 저기서 자고 있는 아기야.

위 대화의 표시된 ~ing 들이 우는 아기(**crying** baby), 담배 피우는 남자(**smoking** man), 잠자는 아기(**sleeping** baby)와 같이 모두 바로 다음의 명사를 꾸며 주고 있다. 즉, 동명사와 똑같이 생긴 녀석들이 명사 기능이 아닌 형용사 기능을 하는 것이다! 이들이 바로 동명사가 아니라 현재분사라고 불리는 족속들이다. 이들은 동명사와는 달리 형용사, 부사의 기능까지도 한다. 한마디로, 모양은 동명사와 똑같지만, 문장 속에서의 기능이 판이하기 때문에 그 이름은 동명사가 아니라 현재분사! 녀석이 일단 명사를 꾸미는 기능부터 살펴보시면서, 동명사와는 다른 그 쓰임새에 대한 감각을 한번 익혀 보자.

Tom   I'm trying to **hit on**[1] Nancy. Do you know anything about her?
Steve   Who's Nancy?
Tom   The smiling girl over there!
Steve   Oh, that Nancy! All I know is she doesn't date smoking men; you'd better quit smoking before trying to **flirt with**[2] her.
Tom   I'm actually trying to cut down on smoking these days, and I'll give up smoking soon.
Steve   **Rumor has it that**[3] she doesn't like drinking men either.
Tom   OK. I'm not a heavy drinker from this point on.
Steve   Seriously, are you gonna break all those habits just to date her?
Tom   Actually, living a healthier life happens to be my new year's resolution.

1. hit on~: ~를 꼬시다
2. flirt with~: ~를 꼬시다
3. rumor has it that~: ~라는 소문이 있어

Tom   내가 Nancy를 꼬시려고 하거든. 그녀에 대해서 아는 것 있어?
Steve   Nancy가 누구지?
Tom   바로 저기서 웃고 있는 여자애!
Steve   아, 그 Nancy! 내가 아는 전부는 그녀가 담배 피우는 남자랑은 데이트 안 한다는 거야. 너 걔 꼬시려고 하기 전에 담배부터 끊는 게 더 나을 걸.
Tom   나 안 그래도 요즘 담배 줄이려고 하고 있고, 곧 끊을 거야.
Steve   걔가 술 마시는 남자도 싫어한다는 소문이 있어.
Tom   오케이. 지금 이 순간부터 난 술 많이 마시는 사람이 아냐.
Steve   진짜, 넌 그럼 그 모든 습관들을 그저 걔랑 데이트하기 위해서 끊을 거니?
Tom   실은, 마침 더 건강하게 사는 것이 내 신년 결심이거든.

지금까지의 예문 속에서 모든 현재분사는 착실하게도 명사 바로 앞에서 꾸며 주고 있기 때문에, 형용사가 언제나 명사를 앞에서 수식하는 한국어를 사용하는 우리에게는 매우 이해하기 쉬운 구조였다. 그런데 이 현재분사가 명사를 뒤에서 꾸밀 때도 있다.

- The boy dancing on the stage is my brother.
  저기 무대 위에서 춤추는 남자가 내 오빠야.

- Hey, the woman sitting right behind you is pointing at you!
  야, 너 바로 뒤에 앉아 있는 여자가 널 가리켜!

- Lots of people working in the computer industry are from India.
  컴퓨터 업종에서 일하는 많은 사람들이 인도 출신입니다.

위 문장들에서 표시된 부분들은 분사구로 각각 the boy, the woman, lots of people을 꾸며 주고 있다. 아까와 다른 점이라면 앞이 아닌 뒤에서 꾸미고 있다는 사실!

이 밖에도 현재분사는 문장 전체를 꾸미는 부사의 기능까지 하는데… 미국인들이 일상 대화에서 두 가지 동작이 동시에 일어날 때 흔히 써먹는 문법이 바로 현재분사이다.

- I usually drive, listening to pop music.
  나는 보통 팝송을 들으면서 운전해.

- Last night, I was watching a movie, eating popcorn.
  어젯밤, 나는 팝콘을 먹으면서 영화를 보고 있었어.

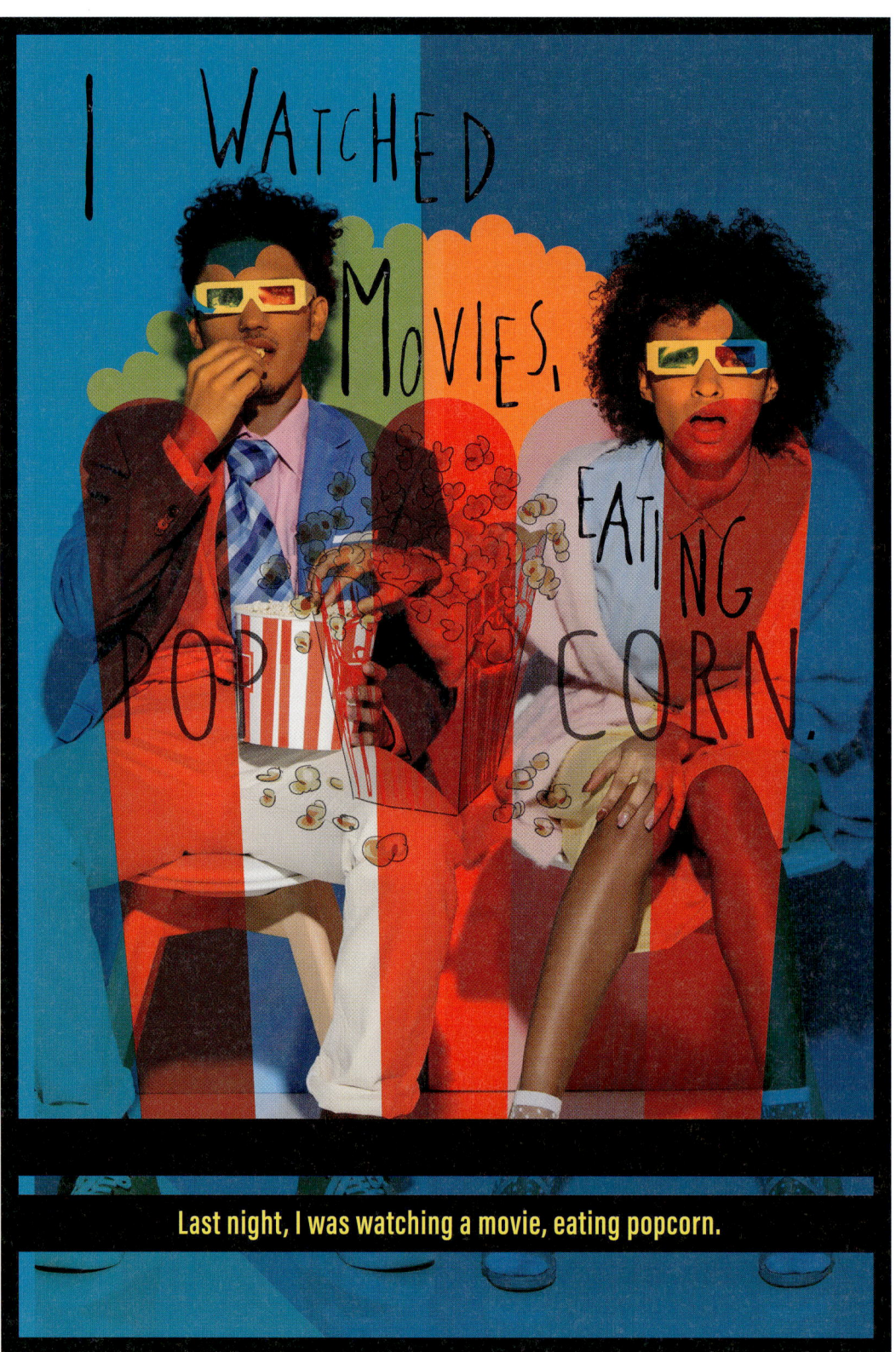

Last night, I was watching a movie, eating popcorn.

음악을 듣는 것과 운전을 하는 것은 동시에 일어나는 동작! 팝콘을 먹는 것과 영화를 보는 것 또한 동시 동작! 이런 쓰임새의 경우, 현재분사는 해당 문장의 동사와 동시에 일어나는 일이니, 당연히 그 동사의 시제를 보아야 그것이 일어나는 시간을 알 수가 있다. 이래도 모르시는 분들을 위해서 idiot-proof(바보도 증명할 수 있는; 즉 누구나 알 수 있는)한 설명을 드리자면:

CASE 1

I watch movies, eating popcorn.

난 팝콘 먹으면서 영화 봐.

CASE 2

I watched movies, eating popcorn.

난 팝콘 먹으면서 영화 봤어.

CASE 3

I will watch movies, eating popcorn.

난 팝콘 먹으면서 영화 볼 거야.

위 각각의 Case에서 팝콘을 먹는(eating popcorn) 시간은 모두 다르다. 왜냐하면 현재분사가 일어난 시간은 해당 문장 속 동사의 시제를 따라가기 때문에!

자, 그럼 지금부터는 대화 속에서 전체 문맥을 파악하면서 현재분사의 쓰임새에 대한 감각을 익혀보자.

Jin-kyoung	I don't know how to translate this part into Korean. I looked up all these words in the dictionary, but I've still got no clue.
Ah-young	Are you reading English passages, looking up every word in your dictionary?
Jin-kyoung	Is there any other way?
Ah-young	Sure, there is. When you meet a new word, you need to identify the key concepts in the whole sentence first and make a good guess of the meaning. In other words, you should read, associating the words with the context. It is a critical skill in reading.
Jin-kyoung	Gotcha!

진경	이 부분을 한국어로 어떻게 고쳐야 하는지 모르겠어. 이 단어들 전부 사전에서 다 찾아봤는데, 여전히 하나도 모르겠어.
아영	넌 영어 지문을 사전에서 모든 단어를 다 찾아가면서 읽니?
진경	다른 방법이 있니?
아영	물론 있지! 새로운 단어가 나오면, 일단 전체 문장에서 주요 컨셉을 이해한 후에, 그 단어가 무슨 뜻인지 추측해 봐야 해. 다시 말해, 단어를 문맥과 연관시키면서 읽어야 한다는 말이지. 그건 독해할 때 매우 중요한 기술이야.
진경	알았어!

이 밖에도 현재분사는 다양한 분사구문으로 각양각색의 문장을 만들어 낼 수가 있는데… 어려운 분사구문은 1권에서 좀 더 실력을 갈고닦으신 후에, 2권에서 미련 없이 파헤쳐 보시기로 하고, 일단은 대화를 하나 더 들으시면서 지금까지 배운 내용만이라도 확실하게 독자님의 말과 글에 녹아들게 해 보자!

Bryan	I'm feeling pretty low. There's only frustrating news. Due to the economic crisis, **budget cuts**[1] are all over the place, and my company is on a **hiring freeze**[2] right now. I'm not even sure if I will still be working next year.
Will	I know what you mean, man, but I have exciting news for you! I'm trying to set up a blind date for you!
Bryan	Thanks, man! **You made my day**[3]! By the way, who's the girl?
Will	Her name is Sophie, and she's the fascinating girl in the corner.
Bryan	I can't tell who "the fascinating girl" is.
Will	Can't you see the girl talking to Lauren there?
Bryan	Oh, her? Honestly, I'd be more interested in that girl wearing a purple shirt with blue jeans.
Will	Are you serious? She's nothing compared to Sophie.
Bryan	Will, beauty is in the eye of the beholder.

1. budget cuts: 예산 삭감
2. hiring freeze: 고용동결
3. You made my day.: 당신 덕분에 기분 좋은 하루 됐어요.

Bryan	기분이 많이 다운되네. 실망스러운 뉴스뿐이야. 경제난 때문에, 예산 삭감이 모든 곳에서 이루어지고 있고 우리 회사는 고용동결 중이야. 난 내년에 계속 일할 수 있을지조차 모르겠어.
Will	네가 무슨 말 하는지 알아. 하지만 널 위한 신나는 뉴스가 있어! 널 위해서 내가 소개팅을 하나 주선할까 해!
Bryan	고마워, 친구! 네 덕분에 살맛 나는군. 근데 누구랑?
Will	그녀의 이름은 Sophie인데, 저기 구석에 매혹적인 여자야.
Bryan	난 그 "매혹적인 여자"가 누군지 모르겠는데?
Will	저기 Lauren한테 이야기하고 있는 여자애 안 보여?
Bryan	아, 저 여자? 솔직히, 난 자주색 셔츠에 청바지 입고 있는 저 여자한테 더 관심이 가는데.
Will	진짜로? 그녀는 Sophie에 비하면 아무것도 아니구만.
Bryan	Will, 아름다움이란 보는 사람의 눈에 달린 거야.

CHAPTER 13

현재분사가 존재한다면
과거분사도 존재하겠지!

**PAST PARTICIPLES
(P.P)**

현재분사(~ing)와 과거분사(p.p; past participle)의 차이점이 무엇일까? 다음의 대화를 보면서 직접 느껴보자. Feel it! And develop your intuition!

Neil	Hey, Todd! This is an amazing machine! Come on; check it out!
Todd	What's so amazing about it?
Neil	It's a cooking machine, and it sings a song when the food is cooked!
Todd	How cool! Is it a rice cooker?
Neil	It cooks rice and a lot of other things too.
Todd	Does that mean we can have a variety of home-made dishes?
Neil	Definitely! Isn't it thrilling? Do you wanna try it out?
Todd	Sure! Do we have some rice to cook?
Neil	We already have a bowl of cooked rice, so why don't we cook some vegetables?
Todd	Awesome!

Neil	이 봐, Todd! 이거 놀라운(놀라게 하는) 기계야! 와서 한번 봐!
Todd	그게 뭐가 그렇게 놀랍다는 거야?
Neil	이게 요리하는 기계인데, 음식이 다 요리되면 기계가 노래를 불러!
Todd	좋은데! 그거 밥하는 기계야?
Neil	밥도 하고 다른 많은 것들도 요리해.
Todd	그렇다면 집에서 요리된 다양한 음식을 우리가 먹을 수 있다는 거야?
Neil	물론이지! 신나지 않아? 한번 사용해 보고 싶어?
Todd	그러자고! 우리 요리할 쌀은 있어?
Neil	밥(요리된 쌀)은 이미 한 공기 있으니까, 채소를 좀 요리하면 어떨까?
Todd	좋지!

대화 속에서 '~ing'는 현재분사(Present Participle), 나머지는 과거분사(p.p; Past Participle)라는 사실은 두말하면 잔소리! 그러나 이 두 가지 분사들은 이들의 이름처럼 현재나 과거라는 시간 개념과는 전혀 상관이 없다. 그러므로 독자님께서 지금 집중하셔야 할 사항은 이런 문법 용어들이 아니라, 이 둘이 주는 느낌의 차이다. 그 느낌의 차이를 정확하

게 이해해야 어떤 문맥 속에서 어떤 분사를 쓸 수 있는지에 대한 직감을 키울 수 있기 때문이다. '~ing'는 '~하게 하는' 정도로 해석하시면서 능동의 느낌으로, 'p.p'는 '~하는 것을 당하는' 정도의 의미를 가진 수동의 느낌으로 보시면 되겠다. 즉, '~ing'의 꾸밈을 받는 것은 그 동작의 주체이고, 'p.p.'의 꾸밈을 받는 것은 그 동작을 당하는 입장이라는 말씀! 그럼 일상 대화에서 미국인들이 잘 쓰는 현재분사와 과거분사를 몇 가지만 훑어보면서 좀 더 확실하게 감을 잡아 보자.

- Boring class vs. Bored students
  지루한 수업 vs. 지루해진 학생들

- Confusing explanation vs. Confused students
  헷갈리게 하는 설명 vs. 헷갈린 학생들

- Cooking machine vs. Cooked meat
  요리하는 기계 vs. 요리된(익은) 고기

- Fascinating novel vs. Fascinated reader
  매혹적인 소설 vs. 매혹된 독자

- Irritating wife vs. Irritated husband
  짜증나게 하는 마누라 vs. 짜증이 난 남편

- Thrilling movie vs. Thrilled audience
  스릴있는 영화 vs. 스릴을 느끼는 관객들

- Tiring job vs. Tired workers
  피곤하게 하는 일 vs. 피곤해진 일꾼들

현재분사와 과거분사는 위와 같이 명사 앞에서 꾸미기도 하지만, 명사 뒤에서 그에 대한 서술을 할 때 쓰이기도 한다. 한마디로 형용사와 똑같은 기능(명사 꾸미기 & 보어 역할)을 다 한다고 보시면 된다.

- This room is suffocating. vs. I am suffocated.
  이 방은 숨막히게 해(답답해). vs. 난 숨막혀.

- It was a flabbergasting situation.
  vs. All the people there were flabbergasted.
  그것은 정말 황당한 시츄에이션이었지. vs. 거기에 있었던 모든 사람이 황당해했지.

- This film is frightening! vs. Are you really frightened?
  이 영화는 무섭게 해(무서워)! vs. 너 정말 무서워진 거야(겁먹은 거야)?

- She's an interesting lady. vs. I'm interested in that girl!
  그녀는 정말 흥미로운 여인이야. vs. 난 저 여자애한테 흥미를 느껴!

이렇게 현재분사와 과거분사는 얼핏 보기에는 쉬워 보이지만 잘못 사용하면 전달하고자 하는 의미가 확 달라져 버리기 때문에 계속해서 연습하고 사용하면서 그 확실한 감을 익혀야 한다. 예를 들어, "Is he **tired**?" (그 사람이 피곤합니까?)라고 해야 할 것을 "Is he **tiring**?" (그 사람은 피곤한 스타일입니까?)이라고 해 버리면 전달하고자 하는 뜻이 완전히 달라져서 생사람을 잡게 될 수도 있다는 소리! 사실 이 현재분사와 과거분사 부분은 학생들이 회화할 때 많이 실수하는 부분이라서, 미국의 영어 강사들이 학기마다 빼놓지 않고 학생들을 연습시키는 부분이기도 하다. 그런데 어느 날, 아선생의 친구이자 동료인 한 영어 강사가 이 분사 사용의 확실한 감을 익히게 하기 위해 30분 동안 이들을 회화 속에서 사용하도록 학생들을 연습시키자, 한 국 학생이 수업 후에 와서 하는 말 "Your class is too easy for me. I am really **boring**." (당신 수업은 나한테 너무 쉬워요. 난 정말 지루한 사람이에요.) ??????????????????

이거 개그 콘서트가 따로 없다. 어쨌든 간에 문맥상 이 무례한 학생이 원래 하려고 했던 말은, "I am really **bored** in your class." (나는 당신 수업 시간에 따분해요), 혹은 "Your class is **boring**." (당신의 수업은 지루해요) 이었을 것이다. 결론은, 이 학생의 경우와 같이 문법 지식을 배워서 알고 있다고 해도 충분히 연습하지 않아서 그것을 사용하는 것에 서툴면,

그런 문법 지식은 아무런 의미가 없는 일종의 '장롱면허'일 뿐이라는 말씀! 아선생의 책을 읽고 계시는 독자님만이라도 이 예의 없는 학생과 똑같은 실수를 하지 않으셨으면 하는 작은 바람을 가지면서~ 보기에는 쉽지만 확실한 습득을 위해서는 연습이 필요한 분사 사용을 대화를 보면서 문맥 속에서 자연스럽게 그 쓰임새를 익혀 보자.

Michelle: **OMG**[1]! I am so disappointed. I'm actually shocked!

Carrie: What's so shocking?

Michelle: I got a B⁺ in Psycholinguistics!

Carrie: B⁺? Come on, girl! That's not a disappointing grade.

Michelle: But I'm frustrated. I'm a government-sponsored student, and I've never received anything less than an A.

Carrie: What did you do differently this semester? Was it a boring class?

Michelle: No, I wasn't bored at all in class. I actually found it interesting. What happened was I was involved in too many extracurricular activities this semester, and some of them were physically tiring. Sometimes in the morning, I was too tired to stay focused in class.

Carrie: It seems like the extracurricular activities are not benefiting you that much. You'll definitely wanna **cut back**[2].

1. OMG: 'Oh, my God!'의 약어
2. cut back: 줄이다

Michelle	오마이갓! 나 정말 실망했어. 나 사실 충격 받았어!
Carrie	뭐가 그렇게 충격적인데?
Michelle	심리언어학에서 B⁺를 받았거든.
Carrie	B⁺? 이것 봐요, 아가씨! 그건 실망스러운 학점이 아니에요.
Michelle	하지만 난 실망했어. 난 정부 장학생(정부의 지원을 받는 학생)이고, 지금까지 A 이하의 학점을 받은 적이 한 번도 없었어.
Carrie	이번 학기에는 뭘 다르게 했니? 그게 지루한 수업이었니?
Michelle	아니, 수업 시간에 난 전혀 지루하지 않았어. 사실 그 수업이 흥미롭다고 생각했어. 문제는 이번 학기에 너무 많은 과외 활동에 참여했었는데, 그중 몇몇이 신체적으로 지치게 했어. 때때로 아침에는 너무 피곤해서 수업 중에 집중할 수가 없었거든.
Carrie	과외 활동이 너한테는 별로 도움을 주지 않는 것 같아. 확실히 줄이는 게 좋겠다.

Mandy	I've got a broken heart. My fiancé is suffocating me, and I don't know how to handle this any more.
Sandy	Just tell him that you feel suffocated.
Mandy	I did, and when I told him, he was really irritated! I was scared that he was gonna break up with me.
Sandy	Poor thing! Do you think he's the right guy for you?
Mandy	I don't know. I care about him, but I need more space.
Sandy	Just follow your heart. No matter what happens, I'll be on your side.

Mandy	나 마음이 많이 아파. 내 약혼자가 날 너무 숨막히게 하는데, 더 이상 어떻게 대처해야 할지를 모르겠어.
Sandy	그냥 네가 숨막힌다고 그에게 말해.
Mandy	했어, 그에게 그렇게 말했더니, 그가 얼마나 신경질을 냈다고! 난 그가 나하고 헤어지자고 할까 봐 두려웠어.
Sandy	불쌍한 것! 넌 그 사람이 네 진정한 짝이라고 생각해?
Mandy	모르겠어. 그를 많이 좋아하지만, 난 내 공간이 좀 더 필요해.
Sandy	그냥 네 마음이 시키는 대로 해. 무슨 일이 일어나든, 난 네 편이야.

Yu-ho	I can't find the lid for this container.
Young-min	Is it a **walking lid**[1]?
Yu-ho	(Sarcastically) Funny!
Young-min	I was just kidding. What does it look like?
Yu-ho	It's **faded** black and has a Canadian Flag on it.
Young-min	Oh, I think I saw it on top of the fridge.
Yu-ho	Gotcha! Thanks.
Young-min	No prob! Did you get it in Canada?
Yu-ho	Yes, I did. I have a Canadian friend, and I stayed at his place in order to study French last year.
Young-min	To study French?
Yu-ho	Yup! My friend is a **French-speaking** Canadian.
Young-min	Got it! So, how was it?
Yu-ho	It was great, and the best part was his **recently-built** house. I could also see many historic buildings around his place, and you know what? I cooked Doen-jang jigae for him every morning!
Young-min	What? A **French-speaking** Canadian guy who loves Doen-jang?
Yu-ho	I know what you mean. He's a **debunker**[2]!

1. lid: 뚜껑
2. debunker: 고정관념을 깨는 사람

유호   이 용기의 뚜껑을 찾을 수가 없네.
영민   (농담조로) 그거 걸어 다니는 뚜껑이야?
유호   (비꼬듯이) 진짜 웃긴다!
영민   그냥 농담이었어. 그게 어떻게 생긴 거지?

PAST PARTICIPLES (P.P)

유호	빛이 바랜 검은색이고 캐나다 국기가 그려져 있어.
영민	아, 내가 그거 냉장고 위에서 본 것 같아.
유호	알았어! 고마워.
영민	문제없어! 그거 캐나다에서 산 거야?
유호	응, 맞아.
	나한테 캐나다인 친구가 하나 있는데, 내가 불어 공부를 하기 위해서 그 애 집에서 작년에 머물렀거든.
영민	불어를 공부하려고?
유호	응. 내 친구가 불어권 캐나다인이야.
영민	그렇구나! 그래서, 어땠어?
유호	근사했지. 그리고 가장 좋았던 점은 최근에 지은 그의 집이었어. 걔네 집 주변에서 역사적인 건축물들도 많이 볼 수가 있었어. 그리고 그거 아니? 내가 매일 아침 그 애한테 된장찌개를 만들어 줬어.
영민	뭐라고? 된장을 좋아하는 불어권 캐나다 남자?
유호	나도 네가 무슨 말하는지 알아. 걔는 정말 고정관념을 깨는 애지!

지금까지는 현재분사와 과거분사가 주는 의미의 차이에 집중하면서 이 분사들이 형용사의 대표적인 기능, 즉 명사를 꾸미거나 혹은 주격보어로 쓰이는 문장들을 중심으로 살펴봤다. 지금부터는 이 두 가지 분사들의 조금 다른 쓰임을 한번 맛보자! 지금부터 맛보실 내용은 처음에는 긴가민가하시더라도 이 장이 끝날 때쯤에는 "그래, 바로 이 맛이야!" 하실 것이다! 그러니 집중!!!!!!!!!!

우리는 **Chapter 11. 맨발의 부정사** 편에서 〈사역동사 + 목적어 + 목적보어〉의 문장 구조에서 목적보어로 원형부정사가 온다는 사실을 배웠다. (혹시 기억이 가물가물하시면 193페이지로 가서서 기억을 새로이 하신 후, 돌아오세요.) 그런데 이 구조에서 목적보어 자리에 원형부정사 대신 **문맥에 따라서** 현재분사나 과거분사도 올 수가 있다. Confused 독자님들을 위해서 해당 예문과 함께 깔끔하게 정리를 해 드리면, 다음의 구조들이 모두 가능하다는 말:

- 사역동사 + 목적어 + 원형부정사: His boss made him drink.
- 사역동사 + 목적어 + 과거분사: A bottle of soju made him drunk.
- 사역동사 + 목적어 + 현재분사: The director made the film frightening.

현실이 이렇다 보니, '사역동사의 목적보어는 동사원형!' 하고 외워서 모든 걸 거기에 끼워 맞추려고 하면 공부는 힘들어지고 영어는 고생하게 된다. 그러니 다시 한번! 아선생과 함께 영어를 공부하실 때는 **외우지 말고 생각하고 이해하자**. 나는 생각한다. 고로 영어 실력 향상은 존재한다. 아자아자!! 본론으로 들어가서, 독자님께서 처음 영어 문법을 배우기 시작하셨던 그때 그 시절의 기억을 되살려 보자. 영어의 문장구조와 품사를 공부할 때, 2형식 문장(주어 + 동사 + 보어)에서 이 주격보어 자리에 올 수 있었던 품사가 무엇이었는지 혹시 기억하시는 분? 명사? (I am a **boy**, and you are a **girl**!) 형용사? (I am **happy**!) 딩동댕~ 명사와 형용사! 네, 맞습니다, 맞고요~ 주격보어나 목적격보어나 보어는 보어! 그저 주격보어는 주어를 보충해 주고, 목적격보어는 목적어를 보충해 준다는 차이만 있을 뿐! 그러니 주격보어 자리에 이렇게 명사와 형용사가 올 수 있다면 목적격보어 자리에도 당연히 명사와 형용사가 올 수 있다는 논리가 성립된다. 그러니 목적격보어 자리에 형용사를 포함해서(예: His boss made him **happy**.) 형용사 기능을 하는 모든 것들이 다 올 수가 있다. 그렇다면 형용사 역할을 하는 현재분사와 과거분사도 당연히 목적격보어 자리에 올 수가 있는 것이다. 이때, 현재분사가 오느냐, 과거분사가 오느냐를 결정하는 것은, 지금까지 공부하신 바대로 그 의미가 능동이냐 수동이냐에 달려있다. 그럼, 이를 염두에 두면서 다양한 문맥 속에서 이들을 만나 보자.

Leah	You look different today.
Knox	I got my hair cut.
Leah	Oh, that's it! It looks sporty.

Leah	너 오늘 뭔가 달라 보여.
Knox	머리를 잘랐거든.
Leah	오, 바로 그거였구나! 정말 스포티해 보인다.

Director	Everything's cool, but can we make this scene more fascinating?
Assistant Director	What if we add more captivating pictures in between?
Director	Sounds perfect!
Assistant Director	When are we supposed to finish this? Are you going to set the deadline?
Director	Let's get it done by tomorrow.
Assistant Director	You got it!

감독	모든 게 좋은데, 이 장면을 좀 더 매혹적으로 만들 수 있을까요?
조감독	장면 사이 사이에 시선을 사로잡는 그림들을 넣으면 어떨까요?
감독	좋아요!
조감독	우리가 이걸 언제 끝내야 하지요? 마감 시간을 정할 겁니까?
감독	내일까지 끝내자고요
조감독	알겠습니다!

Sung-won	Hi, there! My name is Sung-won, and I'm from South Korea.
성원	안녕! 내 이름은 성원이고, 한국에서 왔어.

PAST PARTICIPLES (P.P)

Ryan	Hi, Sung-won! Nice to meet you! My name is Ryan. **I was born and raised in**[1] this town.
Sung-won	Really? Then, can I ask you a question?
Ryan	Sure!
Sung-won	I need to have my VCR repaired, but since I'm new in town, I don't know where to go.
Ryan	Have you ever met Ramin? He's excellent at fixing things.
Sung-won	Yes, I've met him twice, but I don't know how to reach him.
Ryan	I'll give you his E-mail address. It's fix@yaho.com.
Sung-won	Thanks a lot!
Ryan	Anytime!

1. I was born and raised in ~: ~에서 나고 자랐어, ~의 토박이야

Ryan	안녕, 성원아! 만나서 반가워! 내 이름은 Ryan이야. 난 이 도시의 토박이야.
성원	정말? 그럼, 내가 질문 하나 해도 될까?
Ryan	물론이지!
성원	내가 비디오를 고쳐야 하는데, 이 도시에 이사 온 지 얼마 안 돼서 어디로 가야 할지 모르겠어.
Ryan	Ramin을 만나본 적이 있니? 걔가 뭐 고치는 거는 끝내줘.
성원	응, 내가 걔 두 번 만나 봤지만, 연락처는 몰라.
Ryan	내가 걔 이메일 주소 줄게. fix@yaho.com이야.
성원	정말 고마워!
Ryan	언제든지!

사역동사가 등장할 때면 지각하지 않고 함께 출연하는 지각동사도 잊지 말고 체크해 보자. **Chapter 11. 맨발의 부정사** 편에서 지각동사의 목적보어로도 원형부정사가 쓰인다고 배우셨는데, 이 경우 현재분사도 가능하다.

(1) 지각동사 + 목적어 + 원형부정사: I heard him sing. / I saw him dance.

(2) 지각동사 + 목적어 + 현재분사: I heard him singing. / I saw him dancing.

이 경우에는 사역동사 때와는 조금 다른 접근과 해석이 필요한데, 그렇다고 어렵게 생각하실 것은 하나도 없다. Just use your common sense! 그저 상식적으로 생각해 보시면 정답이 나온다. 현재분사는 지금까지 공부하신 바와 같이 형용사의 기능도 하지만, 현재 진행형(예: He is singing.)과 과거 진행형(예: He was singing.) 등과 같은 진행형 시제에서도 쓰인다. 진행형 시제는 독자님께서도 이미 잘 아시다시피 '~하는 중'으로 해석되는 진행 중의 상태라는 의미가 있다. 위의 두 Case의 차이는 그러한 맥락에서 이해하시면 쉽다. (1)번은 그가 노래하는/춤추는 것을 본 적이 있다고 해석이 되며, 그 의미는 노래하고 춤추는 것을 본 경험이 있다는 사실을 말하는 것으로 이해하면 된다. (2)번은 그가 노래하고/춤추는 것을 그 행위를 하는 도중에 봤다는 뜻으로, 그 동작을 진행 중에 봤다는 의미가 강하다. 너무 쉬워 보이지만, 그래도 문법 설명과 예문만 달랑 던져 주고 넘어가는 것은 아선생 스타일이 아니므로 이를 응용한 대화 하나만 선물로 드리고 다음 장에서 뵙겠다. 휘리릭~

(knock knock)

Ethan Come in!

Robin Hey, Ethan! I just saw a lady waiting for you out there.

Ethan I know. I'll meet her as soon as I get this thing done.

Robin OK. I'll let her know. By the way, isn't she a jazz singer? I heard her sing many times here and there in town.

Ethan Actually, teaching Italian is her **bread and butter**[1], but she sometimes sings as a hobby.

Robin As a hobby? Incredible! She has such an appealing voice. I think she's gifted.

Ethan **Tell me about it**[2]! Oh, her next concert is at the Jazz club downstairs. Don't miss out!

---

1. bread and butter: 생계를 위한 직업
2. Tell me about it!: 나도 동의해!

(똑똑)

Ethan 들어와요!
Robin Ethan! 지금 막 밖에서 자넬 기다리고 있는 숙녀분을 봤어.
Ethan 나도 알아. 이 일이 끝나자마자 그녀를 만날 거야.
Robin 알았어. 그렇게 전할게. 그건 그렇고, 저 여자분 재즈 가수 아냐? 내가 그녀가 노래하는 걸 이 도시 여기저기에서 많이 들었어.
Ethan 사실 이태리어 가르치는 게 그녀의 직업인데, 가끔씩 취미로 노래를 불러.
Robin 취미로? 믿기지 않아! 그녀는 정말 사람을 끄는 목소리를 가졌다고. 내 생각엔 타고난 것 같아.
Ethan 내 말이 그 말이야! 참, 그녀의 다음 콘서트가 아래층에 있는 재즈클럽에서 있어. 놓치지 말라고!

대화 속에서 'waiting'의 경우, 그녀가 기다리는 행위를 하고 있는 진행 중에 보았다는 것을 강조하고 있으므로 ~ing(현재분사)가 쓰였고, 'sing' 은 노래하는 것을 들어본 적이 있다는 말로 그 초점이 동작의 진행보다는 경험의 의미를 나타내므로 원형부정사가 쓰였다.

CHAPTER 14

동태를 살펴라!
(수동태)

THE PASSIVE VOICE

과거분사 이야기가 나온 김에 과거분사가 대표적으로 가장 많이 쓰이는 수동태 이야기도 해 보자. 실제로 아선생이 다년간 영어를 가르치면서, 한국인들이 수동태를 꼭 써야 하는 문맥 속에서조차도 잘 쓰지 않는 경향이 있다는 사실을 알게 되었다. 사실 생각해 보면 그리 어렵지 않은 수동태 구문을 한국인들이 기피하는 이런 현상은, 아마 특별한 경우를 제외하고는 수동태를 잘 쓰지 않는 한국어의 특성 때문일 것이다. 하지만 영어에서 수동태가 쓰이는 다양한 대화를 들어 보면서 조금만 익숙해지면 한국 출신인 독자님께서도 자신 있게 수동태를 사용하실 수 있으실 것이라 믿어 의심치 않는다. 그러니, Familiarize yourself with 수동태 문장들! (수동태 문장들을 자꾸만 봐서 독자님에게 낯이 익도록 만드세요!) 그럼 독자님께서 중학교 때 배우신 바로 그 공식, <be + p.p. + by 행위자>를 착실하게 따르는 문장으로 가볍게 이 장을 시작해 보자!

| Gentleman | Could you please move over a little bit? |
| Lady | I'm afraid this seat **is** already **taken (by someone else)**. |

신사　자리 저쪽으로 조금만 가 주시겠어요?
숙녀　죄송하지만, 이 자리는 주인이 있습니다. (누군가 다른 사람에 의해 차지가 됐습니다.)

그런데 사실상 위의 문장에서 괄호 친 'by someone else'는 미국인들이 보통 생략하는 부분이다. 위의 문장 외에도 일상 대화에서 'by 행위자'는 그것을 쓰지 않으면 알 수가 없을 때만 쓰고, 문맥상 그것이 뻔히 보이는 경우에는 '말하지 않아도 알아요~'하며 생략한다. 여기서 깜짝 퀴즈! 그렇다면 다음의 수동태 문장들에서 생략된 'by 행위자'는 누구일까?

💬 **(1) George W. Bush got re-elected in 2004.**
　　　2004년 George W. Bush는 재당선되었다.

(2) This DVD player is made in China.
　　이 DVD기는 중국에서 만들어졌다.

(3) I was born in Busan, South Korea.
　　나는 한국 부산에서 태어났어요.

(1)번 문장에서 부시가 재당선이 되었을 때 그가 당선되도록 뽑아준 사람들은 누구일까? 이들이 한국인도, 중국 사람도, 멕시코 사람도 아닌 미국인들이라는 사실은 이 문장에서 굳이 'by American citizens'라고 말하지 않아도 모두가 알 수 있는 사실! 마찬가지로 (2)번 문장에서도 이 DVD 플레이어를 중국 노동자들이 만들었다는 사실을 굳이 'by Chinese laborers'라고 말하지 않아도 쉽게 알 수가 있다.

(3)번 문장의 경우에는, 'born'이 '아이를 낳다; 출산하다'라는 의미를 가진 동사, 'bear'의 과거분사인데, 울엄마가 나를 낳으셨다는 것은 두 말하면 잔소리! 사정이 이렇다 보니, 이와 비슷한 모든 경우에 입 아프게 'by 행위자'를 쓰지 않는 것은 너무도 당연한 일이다.

하지만 때로는 문맥 속에서 그 행위자를 알 수가 없음에도 불구하고 'by 행위자'를 생략할 때도 있는데, 이는 문장이 주는 메시지가 그 행위자가 누군지 몰라도 전혀 상관없는 경우들이다.

💬 **(1) The meeting was cancelled.**
회의가 취소되었습니다.

(2) This picture was taken at Grandma's funeral.
이 사진은 할머니 장례식 때 찍혔어요.

위의 두 문장에서 누가 회의를 취소했는지, 누가 이 사진을 찍었는지를 알 수가 없지만, 문맥상 그 행위자들은 중요하지가 않다. 쉽게 말해, 이들 문장이 전달하고자 하는 메시지는 누가 취소했든 간에 회의가 취소되었다는 사실이며, 그 사진을 누가 찍었든 간에 할머니 장례식 때 찍혔다는 사실뿐이다.

이렇게 여차저차해서 'by 행위자'는 수동태 문장에서 생략되는 경우가 많다는 말씀을 드렸는데, 다음의 두 대화 속에서 그 진위를 확인해 보자.

Teacher All the textbooks will be distributed this coming Thursday, and we will use handouts until then.

Student Ms. Berry, I have a question. I see a couple of computers in each classroom. Do they have internet access?

Teacher Yes, they do. The modem will be plugged in all the time so that you can access the internet whenever you want to. However, the printer toner will not be changed more than once a month, which means the printer should be used only for school work.

선생 모든 교과서는 이번 주 목요일에 배포될 것이며, 그때까지 프린트물을 사용할 것입니다.
학생 Berry 선생님, 질문 있어요. 각각의 교실에서 컴퓨터가 두어 대씩 보이는데요. 인터넷도 연결되어 있나요?
선생 물론이죠. 여러분들이 언제든 원할 때마다 인터넷을 할 수 있도록 모뎀은 항상 플러그에 꽂혀있을 것입니다. 하지만 프린터 토너는 한 달에 한 번 이상은 교체되지 않을 것이며, 그것은 프린터가 학교 공부를 위해서만 사용되어야 한다는 말이지요.

Patient My allergy is driving me crazy! It makes me blow my nose all the time, and I've **got a raw nose**[1]. Is there any medicine that can stop this runny nose?

Pharmacist Why don't you try this? This medicine should be taken two times a day. It will make you drowsy, but it will stop the runny nose.

1. get a raw nose: 코가 헐다

환자 알러지 때문에 정말 미치겠어요! 그것 때문에 맨날 코를 풀게 돼서, 코가 다 헐었어요. 이 콧물 좀 멈추게 하는 약이 있어요?
약사 이 약 한 번 드셔 보실래요? 하루에 두 번 복용해야 합니다. 잠은 오게 하겠지만, 콧물은 멈추게 할 거예요.

하지만 문맥상 'by 행위자'가 꼭 필요한 경우에는 물론 생략하지 않는다.

Matty   There are too many typos in this document! Was this typed **by Jim**?

Cameron   No, I typed it.

Matty   I don't believe you! You're the most meticulous person in this building.

Cameron   In fact, I almost got hit **by a motorcycle** on my way to work. I didn't get hurt, but I could not focus on what I was doing this morning.

Matty   Oh, I'm sorry to hear that. Maybe you should go home and get some rest.

Matty   이 서류에는 오타가 너무 많아. 이거 Jim에 의해 작성된 건가?
Cameron   아니요, 제가 타이핑했습니다.
Matty   말도 안 돼! 자넨 이 빌딩에서 가장 꼼꼼한 사람이잖아.
Cameron   사실은 제가 회사에 오는 길에 오토바이에 치일 뻔했습니다. 다치지는 않았는데, 오늘 아침에 제가 하는 일에 집중할 수가 없었습니다.
Matty   오, 이런. 유감이군. 자네는 집에 가서 휴식을 취하는 게 좋을 것 같군.

위의 대화 속 Matty의 말을 잘 들어보면, 타이핑을 한 사람이 누구인지가 이 문장의 주요 요지이기 때문에 '**by Jim**'을 생략해서는 그가 하려고 하는 의미 전달이 안 된다. Cameron의 말에서도 오토바이에 치일 뻔했다는 사실을 강조하고 있기 때문에 '**by a motorcycle**'을 굳이 생략하지 않고 있는 것이다.

이 밖에 수동태 문장에서 행위자를 나타내는 구문에서 by가 아닌 다른 전치사를 쓸 때도 있다.

Dylan   I got laid off.

Leo   That's too bad. Are you alright?

Dylan   Actually, I wasn't surprised at the news. I didn't like the job anyways.

Leo   Oh, didn't you enjoy your work?

Dylan   Don't even get me started on it. I don't think I'm cut out to be[1] an architect. Besides, I dropped the ball[2] on my last project.

Leo   I'm sorry it didn't work out. So, what's your dream job?

Dylan   I don't know, but I'm interested in social work. If I could help lots of people, I would be really satisfied with my job.

Leo   That sounds like a rewarding career!

---

1. be cut out to be~: ~로 태어나다, ~에 재능이 있다
2. drop the ball: 망치다

▶ 'I dropped the ball.'은 말 그대로 하면 '내가 공을 떨어뜨렸어.'로 해석이 되는데, 어떤 일을 망쳤을 때 쓰는 표현이다. 이는 미식축구 경기에서 온 말로, 경기 도중에 공을 떨어뜨리는 것이 자기 팀을 가장 불리하게 하는 행위 중 하나기 때문에 이런 표현이 나온 것이 아닌가 하고 스포츠에 문외한인 아선생은 이해하고 있다.

Dylan   나 구조조정 당했어.
Leo   나쁜 소식이네. 너 괜찮아?
Dylan   사실, 그 소식에 놀라지도 않았어. 어쨌든 그 일을 좋아하지도 않았거든.
Leo   네 일을 즐기는 게 아니었니?
Dylan   말도 마. 난 건축가로서의 재능이 있다고 생각하지 않아. 게다가, 지난 프로젝트는 내가 다 말아 먹었어.
Leo   일이 잘 안 돼서 유감스러워. 그럼, 네 꿈의 직업은 뭐니?
Dylan   그건 잘 모르겠지만, 난 사회사업에 관심이 있어. 내가 많은 사람을 도울 수 있다면, 난 내 일에서 정말 만족을 느낄 수 있을 것 같아.
Leo   정말 보람이 있는 직업 같구나!

Samantha I'm tired **of** eating the same thing. Can we try something else today?
Rebecca We can go to the cafeteria on campus.
Samantha I'm fed up **with** that cafeteria!
Rebecca Then, why don't we try the brand new pizza place nearby? It's known **to** everyone!

Samantha 똑같은 것만 먹는 거 지겨워졌어. 오늘은 뭔가 다른 걸 먹을 수 있을까?
Rebecca 학교 식당에 갈 수도 있어.
Samantha 나 학교 식당은 정말 지겨워졌어!
Rebecca 그렇다면, 근처에 새로 생긴 피자집에 한번 가 볼까? 거기가 모두에게 알려져 있더라고!

그나저나, 지금까지의 대화들 속에서 수동태에 대한 뭔가 색다른 점을 발견하지 않으셨는지? There's something about 수동태! 꼼꼼하신 독자님께서는 수동태 구문에 'be'동사뿐 아니라 'get'도 쓰인다는 사실을 눈치채셨을 것이다. 이때, 'be'와 'get'의 차이점은 이 책의 다음 시리즈에서 다룰 '동작동사'와 '상태동사'의 차이를 알면 쉽게 이해하실 수 있다. 잠시만 언급하자면, 이러한 문맥 속에서 'be'는 상태(state)를, 그리고 'get'은 동작(event/action)을 나타낸다고 보시면 된다. 쉬운 예로,

CASE 1

I am married. 나는 유부녀/유부남이에요.

CASE 2

I got married in 2004. 나는 2004년에 결혼했어요.

(Case 1)의 경우, 언제 결혼식을 했는지 그것은 중요하지 않고, 단 현재 결혼을 한 상태라는 것을 나타내는 문장이다. 반면, (Case 2)는 결혼식을 2004년에 했다는 말로 2004년을 기점으로 marital status(기혼 여부)

가 바뀌었다는 사실을 알 수 있으므로, 문맥상 'got married'는 상태라기보다는 한 시점에 일어난 동작에 가깝다고 볼 수가 있다. 이 점을 유념하시면서 다음의 엘비스와 마이클의 대화를 크게 소리 내 읽어 보자.

Elvis   Sorry I'm late. I was trying to take a shortcut, and I got lost somewhere on Park Avenue. Then, I got caught in traffic on Tennessee Street. Anyways, dinner's on me.

Mandy   I do appreciate it because my budget is really tight. On top of that, I'm now unemployed; I got fired today.

Elvis   What in the world happened?

Mandy   Man, my boss is such an obnoxious man! I got frustrated when he made mean jokes about me, and this time, I stood up to him. It felt so good, but he was really pissed and said, "You are fired!"

Elvis   How could he be so immature?

Mandy   I think he is spoiled; he was born with a silver spoon in his mouth[1].

Elvis   No wonder he's such an inconsiderate person. In any case, are you feeling alright?

Mandy   At first, I was flabbergasted, but I feel much better now.

Elvis   My friend, fortunately, that's history. I would just let it go and apply for another job.

1. be born with a silver spoon in his mouth: 은수저를 물고 태어나니, 부잣집에서 태어난다

Elvis	늦어서 미안. 내가 지름길로 오려고 하다가 Park Avenue에서 길을 잃었어. 그리고는 Tennessee Street에서는 교통체증에 걸렸구. 어쨌든 저녁은 내가 살게.
Mandy	그거 정말 고마워, 왜냐면 나 지금 돈 없거든. 게다가 나 지금 실직 상태야. 나 오늘 해고당했어.
Elvis	도대체 무슨 일이 있었어?
Mandy	휴, 내 상사는 정말 불쾌한 인간이야! 그가 나에 대해서 기분 나쁜 농담을 할 때면 내가 얼마나 힘들었는지 몰라. 그래서 이번에는 나도 그에게 대항했지. 그러니까 기분은 좋았는데, 그 사람이 몹시 화가 나서는 "넌 해고야!"라고 하더라고.
Elvis	그 사람 어쩜 그렇게도 철이 없냐?
Mandy	내 생각에 그는 너무 응석받이로 자란 것 같아. 엄청 부잣집에서 태어났거든.
Elvis	그러니 그렇게 배려심 없는 인간이지. 어쨌든, 너 기분은 괜찮아?
Mandy	처음엔, 황당했지. 근데 지금은 괜찮아졌어.
Elvis	이 봐, 친구. 다행히도 그 일은 이제 과거일 뿐. 나 같으면 그냥 잊어버리고 다른 직장에 지원하겠어.

마지막으로 이러한 수동태 형식은 동사구에서 뿐만 아니라, 앞서 공부하신 to부정사와 동명사에서도 볼 수가 있다. 독자님께서는 지금까지 수동태, 동명사, to부정사를 모두 열심히 공부하셨으니, 더 이상 긴말 필요 없다! 이제 이들이 쓰인 다양한 대화를 들으면서 쓰임새에 대한 감각만 키우시면 되겠다. Let's get started!

Professor Since we already covered Krashen's Monitor Hypothesis, let's move on to Chapter 9. You can see the topics to be covered today on page 119.

Student Dr. Bush, there's nothing on page 119. I think we're on the wrong page.

교수 우리가 이미 Krashen의 모니터 가설을 공부했으니, 9장으로 넘어갑시다. 여러분께서는 119쪽에서 오늘 논의될 주제들을 보실 수 있을 겁니다.
학생 Bush 교수님, 119쪽에는 아무것도 없는데요. 페이지를 잘못 알려 주신 것 같습니다.

Kim Shoot, I just spilled curry on my turtleneck!

Brittany If it needs to be washed right away, you can use my washer and dryer.

Kim Thanks, but this turtleneck needs to be drycleaned.

Kim 이걸 어쩌지, 내 긴 목셔츠에 카레를 쏟았어!
Brittany 지금 당장 빨아야 하면, 내 세탁기와 건조기를 써도 돼.
Kim 고마워, 하지만 이 긴 목셔츠는 드라이클리닝을 해야 하는 거야.

John I couldn't get another job after getting fired, so I decided to run for the upcoming mayoral election. Being elected as mayor would be a great thrill!

Rick Excuse me? You've decided what?

John 해고당한 후, 다른 직장을 구할 수가 없어서 다가오는 시장 선거에 출마하기로 했어. 시장으로 당선되는 건 정말 신나는 일일 거야!
Rick 뭐라고? 뭘 결정했다고?

Eve I wanna make Steve happy, but I don't know what he really wants. Although he's my husband, he's sometimes hard to read.

Adam I kind of know what he wants. Do you know the joy of being appreciated? Show him the fact that you appreciate his existence. Something simple as that could make his day.

Eve 난 Steve를 행복하게 해 주고 싶은데, 그가 정말 원하는 게 뭔지 모르겠어. 그가 내 남편임에도 불구하고, 때로는 그의 마음을 읽기가 힘들어.
Adam 난 그가 원하는 게 뭔지 알 것 같아. 넌 인정 받는 기쁨을 아니? 네가 그의 존재에 감사한다는 사실을 그에게 보여줘. 그렇게 단순한 것들이 그를 기쁘게 할 수 있어.

Mark I'm so pissed off! What do you do after being humiliated?

Eric I would just let it go. You know, no one likes the feeling of being humiliated. Why? What happened?

Mark Do you know Patty Jackson? I asked her out to dinner, and she stood me up.

Eric Sorry to hear that, but it seems more like being rejected. Maybe that's her way of saying no.

Mark 나 정말 화가 나! 넌 창피를 당한 후에 어떻게 하니?
Eric 난 그냥 잊어버릴 거야. 아무도 창피당하는 느낌을 좋아하지 않잖아. 왜? 무슨 일 있었어?
Mark Patty Jackson 알아? 내가 그녀에게 저녁 함께하자고 데이트 신청을 했는데, 그녀가 날 바람맞혔어.
Eric 안됐는데, 그건 (창피당했다기보다는) 거부당한 쪽에 더 가까운 것 같은데. 아마도 그게 그녀가 no라고 말하는 방식일 수도 있지.

쉬어 가는 페이지 4

아선생의
영어 공부에 도움이 되는
외국어습득이론 4:
정확한 문법사용의 비결은 바로 모니터!

어느 마을에 영어를 공부하는 만득이가 살았다. 그런데 만득이가 과거형은 동사원형에다 -ed를 붙이면 된다는 것까지만 배운 뒤, 영어 공부를 스탑하고 미군 부대의 식당에서 job을 구하게 되었다. 기본적인 말이 조금씩 통하자 만득이는 자신의 실력을 과신하면서 아는 바대로 막~ 그냥 막! 영어를 해댔는데… 예를 들어, 불규칙 동사의 과거형을 공부한 적이 없는 그는, 어떤 동사든 과거형을 말할 때는 무조건 동사원형에다가 -ed만 갖다 붙이는 그런 식이었다. 바쁜 미군들은 그의 잘못된 영어를 고쳐 주지 않고 다들 밥만 먹고 갔다. 세월은 흘러 흘러, 그렇게 한 몇 년이 흐른 뒤, 어느 친절한 미군이 go의 과거형은 'goed'가 아니라 'went'라며 만득이의 실수를 고쳐 주게 된다. 그때까지 자신 있게 슐라슐라 영어를 해대던 만득이는 쇼크를 받게 되고, 그날 밤 집에 와서 그의 유일한 문법책인 성문기초영문법을 뒤져가며 동사의 과거형 편을 찾아보다가 드디어 깨닫게 된다. 영어 동사의 과거형에는 'had'나 'went'와 같이 불규칙변화도 있었던 것이다!! 그러나 이를 어쩌나… 안타깝게도, 과거형은 무조건 '동사원형 + ed'라는 공식이 이미 그의 습득 시스템 속에 떡하니 자리 잡다 못해 굳어버린 것을… 너무도 오랫동안 그렇게 써 버려서, 이제는 아무리 고치려고 해도 입으로는 자신도 모르게 "I haved…", "I goed…"하는 말들이 튀어나와 버리는 것이다. 지금 만득이의 상태를 전문 용어로는 '화석화 현상'(fossilization) ▶ 이라고 한다. 즉, 잘못된 영문법 사용이 만득이의 습득 시스템 속에서 이미 화석처럼 굳어 버려서 이제는 알아도 잘 안 고쳐지는 사태까지 벌어지게 된 것이다. 그렇다면 이 화석화 현상의 원인은 대체 무엇일까? 이런 불행한 사태를 미리 막을 예방책은 없는 걸까? 이 두 질문에 대한 해답을 우리는 Krashen의 또 다른 이론, '모니터 가설'에서 찾을 수가 있다.

▶ 'Fossilize'는 영어로 '화석화되다/고정화되다'라는 뜻인데, 외국어 습득이론에서 'Fossilization'(화석화 현상/고정화 현상)이란 잘못된 영어 표현이나 문법 구조를 너무 오래도록 써 버려서 이미 학습자의 언어 시스템 안에서 굳어져 고치기 힘든 상태를 말한다.

쉬엄쉬엄 해! 영어가 대체 뭐라고 심신을 지치게 하면서까지 공부하냐고? 재미있게 지혜롭게 해 보자고! **Fun**

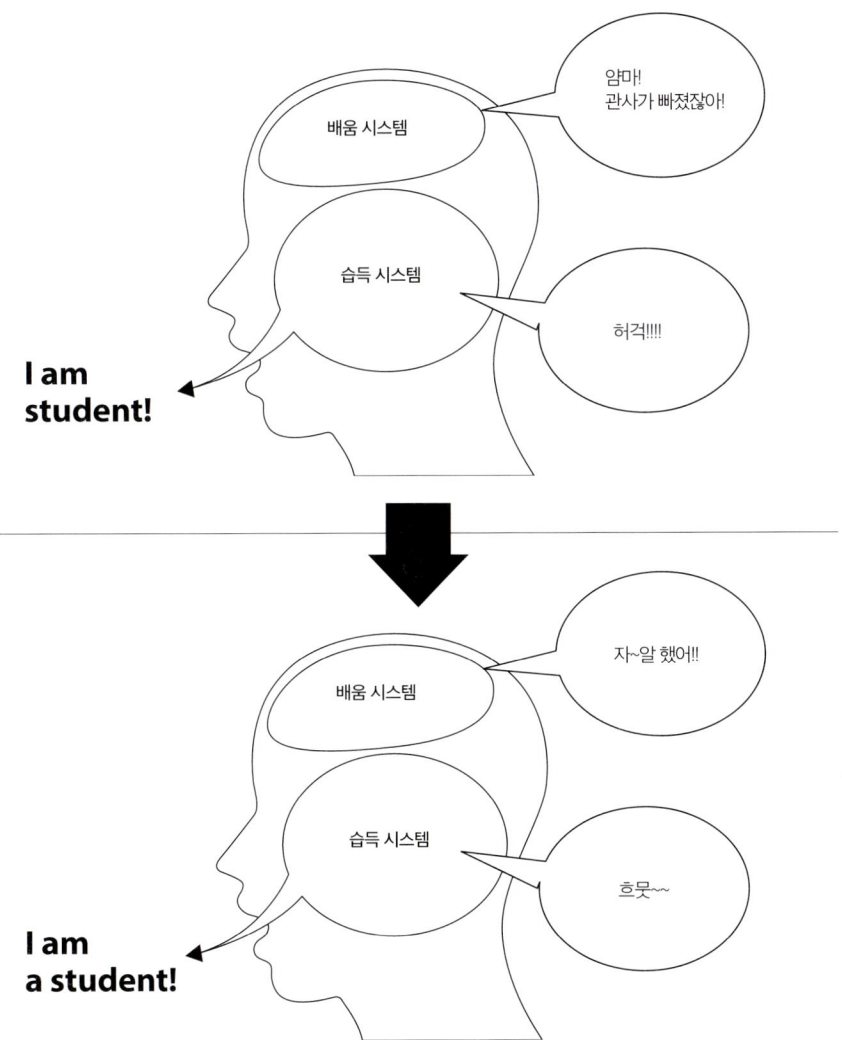

아선생은 앞서 영어 학습에 있어 배움보다는 습득의 중요성을 강조한 바 있다. 그러나 그것은 습득이 언어교육에서 더 무게를 두어야 할 궁극적인 목표라는 것을 역설한 것일 뿐, 배움을 깡그리 무시하라는 뜻은 아니었다. 그 이유는 배움과 습득이 우리의 머릿속에서 서로 어떻게 상호작용하는지를 잘 보여 주는 Krashen의 모니터 이론을 이해하면 쉽게 알 수 있다. '모니터 가설'은 문자 그대로 우리가 외국어로 말할 때, 두뇌 속에 모니터하는 시스템이 갖추어져 있다는 요지의 이론이다.

Krashen은 외국어를 할 때, 우리의 머릿속에 두 가지 시스템이 작동한다고 했다. 하나는 습득에서 비롯된 시스템(The Acquired System; 이하 간단히 '습득 시스템'이라 부르겠다)이고, 또 하나는 배움에서 비롯된 시스템(The Learned System; 이하 간단히 '배움 시스템'이라 부르겠다)이다. 우리가 영어로 말할 때, 우리의 입을 통해 흘러나오는 영어는 습득 시스템이 생산하는 것이다. 한마디로 습득 시스템 속에 저장된 언어만이(!) 우리가 자유롭게 사용할 수 있는 말들이며, 그래서 습득이 언어교육의 궁극적인 목표라고까지 하는 것이다. 그런데 이때 배움 시스템은 가만히 앉아서 굿이나 보고 떡이나 먹는 게 아니다. **배움 시스템의 역할은 습득 시스템이 쏟아내는 말들이 맞는지 틀리는지 감시하고 모니터하는 것이다.**

구체적인 예를 하나 들어보자. 만약 "사과 두 개가 있다."는 말을 영어로 하고 싶어, 습득 시스템이 'There is two apple.'이라는 말을 생산했다고 치자. 그때 배운 시스템은 즉각적인 모니터에 들어가면서 참견한다. '배운 건 그게 아니잖아. Two라면 두 개이니 복수이고 그렇다면 apple이 아닌 apples가 되어야지. 게다가 복수형 주어이니 동사는 is가 아닌 are가 되어야 하는 것이고!' 그러면 습득 시스템은 배움 시스템의 참견을 받아들여 즉각 고쳐진 문장으로 재생산한다. 'There are two apples!' 여기서 큰따옴표(" ") 속의 말들은 실제로 내 입을 통해서 나오는 말이고, 작은따옴표(' ') 속의 말은 머릿속에서만 일어나는 생각이라고 보면 된다. 이렇듯, 우리가 하는 말들은 습득 시스템이 생산하는 것이지만, 배움 시스템은 이를 모니터, 즉 **감시하면서 습득 시스템이 생산해 내는 영어를 다듬고 가꾸는 역할**을 한다. 그러니 문법적으로 정확하고 세련된 영어를 구사하기 위해서는 배움 시스템의 모니터 역할 또한 결코 무시해서는 안 된다는 말씀! 다시 말해, 정확한 문법의 영어를 구사할 수 있게 되는 단계, 즉 영문법을 습득하는 경지에 도달하기 위해서는 습득 시스템의 성장과 더불어 배움 시스템의 꾸준한 모니터가 필요하다는 사실을 아선생은 학생들에게 항상 강조한다.

특히, 만득이의 사례를 통해 깨달을 수 있는 것은 배움 시스템에 저장된 내용이 없으면 모니터를 하려야 할 수가 없다는 사실이다. 즉 혹시라도 잘못된 영어가 우리의 언어 시스템 속에서 화석화(고정화)되지 않게 하기 위해서는 우리의 영어가 영어다워질 때까지 배움과 모니터를 게을리해서는 안 된다는 교훈을 만득이의 사례가 여실히 보여 주고 있다. 특히!!!!!!! **영어가 좀 되기 시작하여 네이티브 스피커와의 의사소통에 대한 자신감이 붙기 시작하는 바로 순간부터 배움과 모니터를 더욱 부지런히 해야 한다!** 왜냐하면 자신 있다고 아무 영어나 막! 써 버리면 잘못된 문법과 표현들까지도 독자님의 습득 시스템 안에서 쉽게 화석처럼 굳어 버리기 때문이다. 배움과 모니터를 멈추는 그 순간부터 화석화 현상은 가속이 붙고, 더 이상의 실력 향상은 기대하기 힘들어진다.

마지막으로 모니터 이론에 관한 한 아선생이 꼭 한 가지 당부드리고 싶은 말씀은 **모니터는 적당히!!** 해야 한다는 사실이다. 모니터를 너무 심하게 하다 보면 아무 말도 할 수가 없게 되며, 아무 말도 안 하면 언어 습득은 불가능해지기 때문이다. 게다가 지나치게 모니터하면서 정확한 문법 구사에만 초점을 맞추다 보면 습득에 꼭 필요한 과정인 meaningful interaction 또한 힘들어진다. 그래서 아선생이 존경하는 고 Frederick L. Jenks 교수님께서는 모든 것을 완벽한 문법으로만 말하려고 하는 것은 실패하는 언어 학습자의 전형적인 습관이라고 말씀하셨다. 또 다른 예로, 아선생의 한 친구는 술을 적당히 마시면 영어가 더 잘 된다고 하는데(솔직히 아선생도 그럴 때가 있다. ^^;), 이 모니터 이론에 따르면 참으로 일리가 있는 말이다. 약간 취기 때문에 알딸딸해진 상태에서는 배움 시스템이 모니터 기능을 철저하게 할 리가 없으니, 걱정 근심 없이 영어가 술술(?!!) 나오는 게 자연스러운 이치이리라.

결국 아선생이 하고자 하는 말은 모니터를 적당히 하자는 것이다. '**배움과 모니터를 게을리하지 않으면서 꾸준히 습득한 영어**'와 '**모니터를 전혀 하지 않고 내키는 대로 막 습득한 영어**'는 하늘과 땅 차이! 유식한 말로는 천지 차이! 더 무서운 것은 그 간극은 시간이 가면 갈수록 더욱더 크게 벌어진다는 것이다.

CHAPTER 15

난 명사의 코디!
(형용사)

ADJECTIVES

형용사가 명사를 앞에서 꾸며 주는 역할을 한다는 것은 한국어에서나 영어에서나 똑같은 현상이다 보니 한국 학생들은 이 부분에서는 거의 실수를 안 한다. 그저 알고 있는 부분을 대화에서 확인이나 하고 넘어가자.

Phil	What a day!
Chandler	I hear you, man! We had a pretty tough day!
Phil	Why don't we go to the movies or something?
Chandler	Is there any relaxing movie?
Phil	I heard that a **sequel**[1] to "Ratman" was just released!
Chandler	Ratman? According to Tim, watching that movie is a sheer waste of time.
Phil	Then, what about a Jazz concert? My friend, Avis Berry, is singing tonight at Café Kabernet.
Chandler	What a nice surprise! She's a musical genius, but recently, she doesn't sing as often as she used to. What time does it start?
Phil	Around 7:30, I guess.
Chandler	Then, I don't think we have enough time to have a fancy dinner. Let's just **grab a quick bite to eat**[2] before we leave.
Phil	That sounds like a plan! We actually have some bite-size sandwiches, which are **leftovers**[3] from Wednesday's potluck.
Chandler	Fabulous!

1. sequel: 속편
2. grab a bite to eat: 대충 간단히 먹다
3. leftovers: 남은 음식

Phil	정말 바쁜 하루야!
Chandler	네 말이 맞아, 친구! 우린 정말 힘든 하루를 보냈어!
Phil	우리 영화나 보든지 할까?
Chandler	기분을 편안하게 하는 영화 뭐 있어?

Phil	래트맨 속편이 막 개봉했다고 들었어!
Chandler	래트맨? Tim이 그러는데, 그 영화 보는 건 순전히 시간 낭비라고 해.
Phil	그럼, 재즈 콘서트는 어때? 내 친구, Avis Berry가 오늘 밤 Kabernet 카페에서 노래하거든.
Chandler	좋은 소식인데! 그녀는 음악적인 천재인데, 요즘은 예전만큼 자주 노래하지는 않더라고. 언제 시작이지?
Phil	7:30쯤이라고 한 것 같아.
Chandler	그렇다면, 우리는 근사한 저녁을 먹을 충분한 시간이 없어. 그냥 떠나기 전에 대충 먹자구.
Phil	좋은 생각이야! 한입 크기의 샌드위치가 좀 있는데, 수요일 포트럭(potluck) ▶ 파티하고 남은 것이야.
Chandler	좋지!

▶ Potluck은 초대받은 사람들이 각자 조금씩 음식을 해오는 파티로 미국에서 가장 흔한 형태의 파티이다. 초대한 사람은 장소를 제공하기 때문에 보통 음료수 정도만 준비하고 초대된 사람들이 음식을 한 가지씩 해 오는 경우가 대부분이다. 심지어 아선생의 한 친구는 자기 아이 돌잔치도 potluck으로 하더라. 아선생도 올겨울 한국에 가면 그리웠던 친구들과 potluck을 해 볼 생각이다. "난 밥을 해 놓을 테니, 너희들은 반찬을 한 가지씩 해 와!"

보시다시피, 명사를 꾸미는 형용사의 기능은 문법적으로 어려울 것이 하나도 없어서 독자님께서 해당 단어만 알면 쉽게 자유자재로 사용하실 수 있는 부분이다. 형용사의 이러한 기능은 앞서 배우신 동명사를 꾸밀 때에도 똑같이 나타나는데...

Tom	(somewhat irritated) Could you please please slow down? I think you're driving too fast.
Tim	I'm driving fast, but I'm driving safely as well.
Tom	Stop talking nonsense! Everybody knows **slow driving is safe driving**.
Tim	But **driving slowly** makes me sleepy, which means **slow** driving is not always **safe** driving.

Tom	(좀 짜증이 나서) 제발, 제발 속도 좀 줄일 수 없어? 넌 너무 빠르게 운전하는 것 같아.
Tim	난 빨리 운전하기도 하지만, 안전하게 운전하기도 한다고.
Tom	말도 안 돼! 천천히 운전하는 것이 안전 운행이라는 건 모두가 다 아는 사실이야.
Tim	하지만 천천히 운전하는 건 날 졸리게 해. 다시 말해, 천천히 운전하는 것이 언제나 안전운행은 아니라는 말씀이지.

We had a pretty tough day!

Yeah. I understand slow walking burns more calories than fast walking.

Everybody knows slow driving is safe driving.

What a nice surprise!

Slow driving is not always safe driving.

We actually have some bite-size sandwiches.

Is there any relaxing movie?

ADJECTIVES

참고로, 대화 속에서 Tim의 마지막 문장에서 밑줄 친 부분과 같이 동명사는 형용사뿐만 아니라, 부사의 꾸밈 또한 받을 수가 있다. 여기서 주목하실 것은, **형용사는 동명사를 앞에서 꾸며 주며, 부사는 동명사를 뒤에서 꾸며 준다는 사실이다.** 설마 지금 이 부분을 밑줄 치면서 외우려고 하는 독자님은 없으실 것으로 믿겠다. 이 책의 열다섯 번째 챕터에서조차 무턱대고 외우려는 버릇을 버리지 못하신 독자님이 설마 계시리라고는, 오우~ 노우~! 생각하고 싶지 않다. 외우지 말고 생각하면서 스스로를 이해시키고 납득시킨 후, 다양한 예문을 접하는 것이 문법 사용에 대한 직감을 키우는 중요한 키라는 사실을 새삼 강조해 드리면서~ 이 동명사라고 불리는 녀석들이 가진 특징을 한번 생각해 보자. 문장 속에서의 기능은 명사지만, 태생이 동사이다 보니 이들은 동사의 의미 또한 가지고 있다. 그러니 그 이름과 같이 동사와 명사의 특징을 조금씩 다 가지고 있는 동명사! (영어에서는 'gerund'라고 불리는 이 족속들을 한국어로 "동명사"라고 최초로 번역하신 분께 경의를 표해 드린다!) 그러니 해당 동명사의 동사적 의미를 강조하고 싶을 때는 부사를 이용하여 꾸밀 수도 있겠고, 이때는 동사와 부사의 일반적인 결합(동사+부사)과 같은 형태로 동명사 뒤에 부사가 오는 것이 당연한 이치겠다. 마찬가지로 동명사의 명사적 기능을 이용하여 형용사를 사용해서 꾸밀 수도 있는데, 이때는 명사와 형용사의 일반적인 결합(형용사+명사)과 같은 형태로 동명사 앞에 형용사가 오는 것이 지당하겠다. 이제 충분히 납득하셨으리라 믿고 이들이 쓰인 대화를 통해서 사실 확인 작업에 들어가자. 물론, 이 모든 것은 다~ 문법 사용의 직감을 키우자고 하는 일!

Brit   I feel so fat these days, and I need to lose some weight.

Jill   Would you **cut it out**[1]? You're a **twig**[2]!

Brit   Believe me! I've gained too much weight in the last couple of months, and I'm trying to find out the fastest way to remove my beer belly.

Jill   Well, I don't know about a beer belly, but I heard somewhere that **slow** walking is good for obesity.

Brit   Does that mean I can lose weight just by walking **slowly**?

Jill   Yeah. I understand **slow** walking burns more calories than **fast** walking.

---

1. cut ~ out: ~를 그만하다
2. twig: 원래 뜻은 '작은 나뭇가지'이지만, 마른 여자를 빗대어 쓰는 표현

Brit   요즘 내가 너무 뚱뚱하게 느껴져서, 살을 좀 빼야겠어.
Jill   제발 그만 좀 할래? 네가 얼마나 말랐는데!
Brit   내 말 믿어! 지난 두어 달 동안 몸무게가 너무 많이 늘어서 내 똥배를 뺄 수 있는 가장 빠른 방법을 찾고 있다고.
Jill   난 뱃살에 대해서는 모르겠지만, 천천히 걷는 것이 비만에 좋다고 어디선가 들었어.
Brit   그렇다면 그냥 천천히 걷는 것만으로 살을 뺄 수 있다는 뜻이야?
Jill   응. 천천히 걷는 것이 빨리 걷는 것보다 더 많은 칼로리를 소비한대.

Yoga Teacher   Welcome to our yoga class. Today, we'll practice **deep** breathing. Breathing **deeply** helps you to release stress. Let's get started! Inhale slowly and then, exhale. Inhale and exhale. Let the energy flow through you.

요가 선생님 저희 요가 클래스에 오신 것을 환영합니다. 오늘은 우리가 깊이 숨쉬기 연습을 할 겁니다. 숨을 깊게 쉬는 것은 스트레스를 해소하는 데 좋습니다. 시작합시다. 숨을 천천히 들이쉬세요. 그리고 내뱉으세요. 들이쉬고, 내뱉고. 그 기운이 온몸에 흐르도록 해보세요.

지금까지 명사든 동명사든 형용사가 그 앞에서 수식할 수 있다는 것을 보셨는데, 명사 또한 형용사의 이러한 기능을 할 수가 있다. 바꾸어 말하면, 명사는 때로 다른 명사를 수식하면서 형용사와 똑같은 기능을 할 때가 있는데, 쉬운 예로, math book(수학책), movie theater(영화 극장), grammar class(문법 수업), key chain(열쇠고리) 등이 있다. math, movie, grammar, key 모두 명사지만 예로든 문맥 속에서는 각각 책, 극장, 수업, 고리를 꾸며 주는 형용사 역할을 한다는 것을 독자님께서도 쉽게 이해하실 수 있으실 것이다. 조심할 점은, 명사들 중에서 일상생활에서 언제나 복수형으로 쓰이는 명사들이 있는데, 이들이 이렇게 **다른 명사를 꾸며 주는 역할을 할 때는 반드시 단수형**으로 써야 한다는 사실이다. 예를 들어, 국수가 영어에서는 항상 'noodle'이 아닌 복수형, 'noodles'라고 불리는데 (국수를 딱 한 가닥만 먹는 경우는 없고 언제나 여러 가닥을 함께 먹지 않는가?), 이 단어도 다른 명사를 꾸며 줄 때는 복수형이 아니라 단수형으로 쓰인다. 이와 함께 다른 예들도 함께 보면:

- noodles 국수 → noodle dish 국수 요리
- shoes 신발 → shoe rack 신발장, shoe department 구두 섹션
- chopsticks 젓가락 → chopstick user 젓가락 사용자
- scissors 가위 → scissor set 가위 세트
- teeth 치아 → tooth paste 치약, tooth brush 칫솔

- He's five years old. vs. He's a five-year-old boy.

  그는 5살이야. vs. 그는 5살짜리 아이야.

- There are 2 bedrooms in the apartment.
  vs. It's a 2-bedroom apartment.

  그 아파트에는 방이 2개 있다. vs. 그것은 방 2개짜리 아파트이다.

- There are 3 pieces in the set. vs. It is a 3-piece set.

  그 세트에는 3개가 들어있다. vs. 그것은 세 3개짜리 세트이다. (3개가 한 세트)

물론 다른 법칙들과 마찬가지로 이 법칙에도 예외는 있다:

- sports car: sports는 많은 경우 복수형으로 쓰이며, 형용사로 쓰일 때도 마찬가지
- pants department: pants는 단수형으로 하면 그 의미 전달이 안 되기 때문!
- jeans department/shorts department: pants와 같은 이유에서 항상 복수형
- women baseball players: 사람을 나타내는 표현은 위의 법칙이 적용되지 않음

그럼, 지금까지 공부한 내용을 대화 속에서 확인해 볼까요?

Linda	Something smells very good. What's for dinner?
Louise	I cooked some noodles for you.
Linda	Super! I love noodles!
Louise	Alright! It's done. Here are your spoon and fork.
Linda	Where are my chopsticks?
Louise	Your chopsticks? Since when did you become a chopstick user?

Linda   **C'mon**[1], girl! We're eating a **noodle dish**. I want to try the authentic way!

Louise   Alright! I'll get you a pair of **chopsticks**.

1. C'mon = Come on

Linda   뭔가 좋은 냄새가 나는데! 저녁 메뉴가 뭐야?
Louise   내가 널 위해서 국수를 만들었어.
Linda   좋지! 나 국수 정말 좋아하거든.
Louise   자, 이제 다 됐어. 여기 네 숟가락이랑 포크.
Linda   내 젓가락은 어딨어?
Louise   네 젓가락? 네가 언제부터 젓가락 사용자가 됐어?
Linda   이것 봐요! 우린 지금 국수 요리를 먹는 거잖아. 난 원래의 방식대로 먹고 싶다고!
Louise   알았어! 내가 너한테 젓가락 한 벌 가져다줄게.

Jen   A brand new department store has just opened in the mall on Monroe Street. Do you wanna go there with me?

Tammy   Sure! Do you have something to buy?

Jen   Not really, but I wanna check out their **shoe department**. You know how much I love shoes.

Tammy   While you're looking around in the shoe department, can I stop by the **pants** department? I'm not really interested in **shoes,** but I need to buy a pair of **jeans**.

Jen   Suit yourself!

Jen   새로운 쇼핑몰이 Monroe Street에 막 오픈했어. 거기 나랑 같이 갈래?
Tammy   물론이지! 너 뭐 살 것 있니?
Jen   아니, 없어. 하지만 그들의 구두 섹션은 한번 가 보고 싶어. 너도 내가 구두를 얼마나 좋아하는지 알잖아.
Tammy   네가 구두 섹션 둘러보는 동안, 난 바지 섹션 들러도 될까?
        난 사실 구두에 별 관심은 없지만, 청바지를 하나 사야 하거든.
Jen   니 마음대로 하세요!

그런데!!

아선생이 "형용사 공부가 가장 쉬웠어요."라며 책이라도 한 권 내려던 찰나에, 영어에는 형용사가 앞이 아닌 뒤에서만 꾸며야 하는 단어들도 존재한다는 사실이 문득 떠올랐다. 역시 세상에 쉬운 일은 없다! 이들이 바로 아선생이 앞서 **Chapter.10**에서 잠시 언급해 드렸던 thing, thing, thing 자로 끝나는 말인~ ♬ **thing's family**들이다! 그럼 본론으로 들어가서, 지금 아선생이 하려는 말을 딱 한 문장으로 정리해 드리면, **something, nothing, anything, everything** 등의 단어들은 **형용사가 앞이 아닌 뒤에서 꾸민다**. 이는 **somebody, anybody, someone, somewhere** 등의 유사품들도 마찬가지다.

Felicia	It's freezing out there!
Kim	Come on in, can I get you **something hot**?
Felicia	**Anything hot and sweet** will do.
Kim	What about raspberry sweet tea?
Felicia	Fantastic! Thanks, you're the **bomb-diggity**[1]!

1. bomb-diggity: 슬랭으로 가장 최고의 무언가를 뜻하는 말

Felicia	밖에 정말 추워!
Kim	어서 들어와. 뭐 따뜻한 것 좀 갖다 줘?
Felicia	따뜻하면서 달콤한 것이면 뭐든 좋아.
Kim	라즈베리 스위트 티는 어때?
Felicia	좋지! 고마워. 네가 최고야!

Jeffrey	Hey, Jesse! What's up, dude?
Jessee	Not much. Where are you headed?
Jeffrey	I'm on my way to Lake Alla.
Jessee	Is there **something new** there?
Jeffrey	**Nothing special**. I just have a date at White Dog Café there.
Jessee	With **someone special**?
Jeffrey	Since it's a blind date, I don't know anything about her yet. Let's see if she's the one for me!

Jeffrey	야, Jesse! 잘 지냈어, 친구?
Jessee	그럭저럭. 어디 가는 길이야?
Jeffrey	Alla 호수에 가는 길이야.
Jessee	거기에 새로운 뭔가가 생겼어?
Jeffrey	특별한 건 없어. 그냥 거기 White Dog 카페에서 데이트가 있어.
Jessee	특별한 누군가와?
Jeffrey	그게 소개팅이라, 아직은 나도 그녀에 대해 아는 것이 없어. 그녀가 내 사람인지 어디 한번 보자구!

형용사 이야기가 나왔는데, 비교급과 최상급이 빠질 수가 없다!

- **규칙변화**: sweet < sweet**er** < **the** sweet**est**
  (달콤한 < 더 달콤한 < 가장 달콤한)

- **좀 긴 단어**: ridiculous < **more** ridiculous < **the most** ridiculous (이상한 < 더 이상한 < 가장 이상한)

- **불규칙변화**: good < better < best/bad < worse < worst

등이 있다는 사실! 그만하면 공부할 만큼 하셨다! 이제 장롱면허는 그만 꺼내 보시고 운전을 합시다!

Erwin Seoul is such an expensive city! I've never seen any city that is as expensive as Seoul.

Chris I know what you mean, but Tokyo is a more expensive city than Seoul.

Erwin Is that right?

Chris Oh, absolutely! When I went there on a business trip, I couldn't afford a lot of things.

Erwin I wonder what the most expensive city in the world is.

Chris According to BBC news, it's Moscow.

Erwin 서울은 정말 물가가 비싼 도시야! 난 서울만큼 물가가 비싼 도시를 본 적이 없어.
Chris 네가 무슨 말 하는지는 알겠는데, 도쿄가 서울보다 물가가 더 비싼 곳이야.
Erwin 그게 정말이야?
Chris 정말 그래! 내가 그곳에 출장을 갔을 때, 난 많은 것들을 (너무 비싸서) 살 수가 없었어.
Erwin 세계에서 가장 물가 비싼 도시가 어딘지 궁금하군.
Chris BBC 뉴스에 따르면, 모스크바래.

Julia My fiancé is visiting me for the holiday, but I'm a little disappointed.

Maria Why? Isn't it exciting?

Julia Sure, it's a great thrill! But the sad part is he's not gonna stay here for more than four days. We've been in this long distance relationship for about three years, and he's always too busy to spend more than a week with me.

Maria I'm sorry to hear that. But, you know, it's better than nothing.

Julia	I know I'm being greedy, but loving and being loved is very important for me.
Julia	내 약혼자가 이번 휴일에 방문하는데, 난 조금 실망했어.
Maria	왜? 신나지 않아?
Julia	물론, 대단히 신나는 일이야! 하지만 슬픈 사실은 그가 여기 4일 이상 머무르지 않을 거라는 거지. 우린 이 장거리 연애를 한 3년 정도 했는데, 그는 항상 너무 바빠서 일주일 이상 나와 함께 보내지 못해.
Maria	안됐구나. 하지만 아예 안 오는 것보단 낫잖아.
Julia	나도 내가 욕심을 부린다는 걸 알지만, 사랑하고 사랑받는 것은 내게 정말 중요해.

이 밖에도 형용사 이야기가 나오면 빠지지 않고 등장하는 관사와 형용사의 결합! 정관사(the)와 형용사가 결혼하면 한 무리의 사람들을 낳는다는 사실:

- the + rich → the rich (부자들: rich people)
- the + poor → the poor (가난한 사람들: poor people)
- the + smart → the smart (똑똑한 사람들: smart people)
- the + stupid → the stupid (멍청한 사람들: stupid people)

여기서 알아두실 것은, 이들이 비록 'the'를 대동하고는 있지만, 위의 모든 사람들은 특정 인물들이 아니라 모든 일반인들을 지칭하는 표현이다. 이를테면, 'the rich'는 특정 부자들이 아니라 모든 부자들을 뜻하며, 'the smart'는 어느 특정 똑똑한 사람들이 아니라, 이 세상의 똑똑한 사람들을 모두 통틀어 말하는 것이다.

Avery　The rich tend to look down on the poor.
Robert　I know what you're saying, but not all rich people are like that. One of my acquaintances is a multi-millionaire, but he's pretty modest and always tries his best to help the less fortunate.

Avery　부자들은 가난한 사람들을 무시하는 경향이 있어.
Robert　네가 무슨 말을 하는지는 알겠는데, 모든 부자들이 그렇지는 않아. 내가 아는 사람 중에 억만장자가 하나 있는데, 그는 굉장히 겸손하고, 항상 불우이웃들을 돕기 위해서 최선을 다해.

이 밖에도 형용사와 관사의 조금은 특이한 결합이 또 하나 있는데, 일단 예문부터 보자.

Student A　Do you know who our new teacher is? She's the amazing Molly Rudolph!
Student B　Awesome!

학생 A　너 새로 오신 우리 선생님이 누군지 아니?
　　　　그 멋진 Molly Rudolph 선생님이야!
학생 B　진짜 잘됐다!

독자님께서는 'Molly Rudolph'라는 사람이 누구인지는 모르셔도, 이것이 사람 이름이라는 사실은 문맥상 눈치채셨을 것이다. 그런데 사람 이름 앞에 웬 관사? 사람 이름 앞에는 관사를 안 붙인다고 우리 선생님이 그러셨는데… 이런 걸, 예외라고 하며, 이래서 예외 없는 법칙은 없다는 말이 있는 것이다. **사람 이름도 위의 대화와 같이 형용사의 꾸밈을 받을 때는 관사가 붙는다.** 이런 표현들의 경우, 이 세상에 Molly Rudolph라는 이름을 가진 사람은 많고 많지만, 그중에서 딱 꼬집어서 '그 멋진 Molly Rudolph'를 말하고 있으므로 the를 붙인 것이다. 쉽게 말해, 이는 문맥상 형용사의 의미를 강조하기 위한 장치라고 보면 되겠다.

CHAPTER 16

에이(A), 넌 뒤로 가!
(A-형용사)

A-ADJECTIVES

우리는 바로 요 앞 챕터에서, 앞에서든 뒤에서든 형용사의 명사/대명사를 꾸미는 역할을 중점적으로 공부했지만, 형용사는 명사를 꾸미는 역할만 하는 것이 아니라 동사의 보어 역할도 한다는 사실을 독자님께서는 이미 알고 계실 것이다. 형용사의 이 두 가지 역할을, 우리는 학교 다닐 때 '한정적 용법'과 '서술적 용법'이라는 유식한 표현까지 써가며 배운 적이 있다. 문제는 그것이 아니라!!

우리 한국인들은 이러한 형용사 보어 사용을 'be'나 'become' 뒤에는 주저 없이 잘도 쓰면서 다른 동사들 뒤에는 형용사 보어를 갖다 붙이기 꺼리는 경향이 있다는 거다. 그나마 look, sound, smell, taste, feel 등의 지각 동사와 형용사 보어의 결합은 중고등학교 때 많이들 외워서 그런지 곧잘 쓰지만, 미국인들이 정말 정말 자주 쓰는 go, get, turn, grow, stay, remain, seem, keep 등의 동사와 형용사 보어가 결합하는 구조는 영어를 오래도록 사용한 친구들이 아닌 이상 잘 사용하지 않는다. 아선생은, 별로 어렵지도 않은 이 구조를 학생들이 잘 쓰지 않는 이유를, 학생들이 그것을 몰라서가 아니라 그저 익숙하지 않아서 그런 것으로 이해하고 있다. 그러니, 다양한 대화 속에서 그 용례를 보면서 이 구조가 쓰인 표현들을 하나씩 둘씩 익히면 될 것 같다. 그리고 기회가 닿으면 한 번쯤 써 보는 센스도 발휘해 보시길...

Robert	This milk smells weird.
Simon	It looks okay to me. Let me taste it. Ewww! You're right! It went bad.
Robert	So, how does rotten milk taste?
Simon	Man, it tastes sour.

Robert	이 우유 냄새가 이상해.
Simon	내가 보기엔 괜찮아 보이는데. 내가 맛볼게. 우웩! 네 말이 맞아! 이거 상했어.
Robert	그래, 상한 우유 맛은 어때?
Simon	이런, 그게 신맛이야.

Meg	Hey, look out the window! The field started to turn green; it looks like Spring is just around the corner.
Amy	Tell me about it! The weather is getting warmer and warmer, and it feels so good to take a walk outside.
Meg	Do you take a walk every day?
Amy	I didn't used to, but now I do. As I grow older, I seem to gain more weight, and I know for a fact that walking is the best exercise.

Meg	저기 창문 밖을 봐! 들판이 초록색으로 변하기 시작했어; 봄이 곧 올 것 같아.
Amy	나도 그렇게 생각해! 날씨가 점점 더 따뜻해져서, 밖에서 산책하는 느낌이 정말 좋아.
Meg	넌 매일 산책해?
Amy	예전에는 안 했는데, 지금은 해. 나이가 들수록, 체중이 더 부는 것 같아. 그리고 걷는 것이 가장 좋은 운동이라는 걸 난 알거든.

Rachelle	Jen seems depressed. What's with her?
Miah	Didn't you hear that she and her husband had a car accident?
Rachelle	Oh, no! When did that happen?
Miah	On Tuesday. She didn't get hurt, but her husband was knocked unconscious. He's still in a coma. According to Jen, the doctor says he will regain consciousness soon. But she's still worried that he might remain unconscious.
Rachelle	If the doctor says so, he's gonna be alright. Let's just hope for the best!

Rachelle	Jen이 우울한 것 같아. 걔한테 무슨 일 있어?
Miah	걔랑 걔네 남편이랑 자동차 사고가 났었다는 말 못 들었어?
Rachelle	오우, 노! 언제 그랬대?
Miah	화요일에. 걔는 안 다쳤는데, 남편이 의식을 잃었어. 그는 아직 혼수상태야. Jen 말로는 의사는 그가 곧 의식을 회복할 거라고 했대. 근데 걔는 여전히 남편이 계속 의식을 잃은 상태로 남을까 봐 많이 걱정하고 있어.
Rachelle	의사가 그렇게 말한다면, 그 사람 괜찮을 거야. 그저 좋은 결과가 있기를 바라자구!

자~ 지금까지 공부하신 내용을 총정리 해 드리면 형용사는 크게 보아 두 가지 기능을 하는데, 하나는 명사/대명사를 꾸미는 것(한정적 용법)이고, 다른 하나는 동사 뒤에서 보어 역할을 한다는 것(서술적 용법)이다. 그런데 **어떤 형용사는 앞에서 명사를 꾸미는 역할은 절대로! 못하고, 동사 뒤에서 보어 역할만 할 수가 있다.** 그런 형용사에는 alive, afraid, asleep, aloof, alone, awake, aware, alike, afloat 등이 있는데, 보시다시피 이런 형용사들이 모두 A로 시작하는 단어다 보니, 미국의 영어 강사들은 이들을 'A-adjectives' (A-형용사)라고 부른다. 이 A-형용사의 대표격이라 할 수 있는 'alive'를 볼 때마다, 아선생은 그 옛날 어느 된장 CF 하나가 생각난다. 된장을 현미경으로 바라보고 있던 한 백인 과학자가 돌연 감동

하며 하는 말, It's alive! 이렇게 'alive'는 동사 뒤에서 보어 역할은 할 수가 있지만, 명사 앞에서 꾸미지는 못하는 A-형용사이다. 즉, 'alive 된장'은 물론이고, 'alive animal' 이나 'alive man'도 모두 틀린 말! 앞에는 올 수 없고 뒤에만 올 수 있는 이 A-형용사의 쓰임새를 대화 속에서 확인해 보자.

Daughter Mom, why do I have to stay **away** from the microwave when it's running?

Mom Because the microwave oven produces radiation, which is bad for you.

딸 엄마, 왜 전자레인지가 작동할 때는 멀리 떨어져 있어야 해요?
엄마 왜냐하면, 전자레인지가 전자파를 내보내는데, 그것이 너한테 나쁘기 때문이란다.

Mike Did the twin babies fall **asleep**?

Abe One did, but the other is still staying **awake**.

Mike Which one is **awake**?

Abe I can't tell who's who. They look **alike** to me.

Mike 쌍둥이 아기들이 잠들었어?
Abe 하나는 잠들었는데, 하나는 여전히 깨어 있어.
Mike 누가 깨어 있지?
Abe 난 누가 누군지 모르겠어. 나한테는 그 애들이 똑같아 보여.

사족을 붙이자면, 위의 대화에서 볼드체로 된 형용사들은 모두 A-형용사이기 때문에 명사 앞에서 꾸미는 한정적 용법은 할 수가 없다. 다시 말해, '**asleep** baby', '**awake** baby', '**alike** twins'는 모두 틀린 표현이라는 말이다.

마지막으로 형용사의 서술적 용법과 관련하여 아선생이 하고 싶었던 이야기를 하나 하면서 이 시리즈의 1권을 마치고자 한다.

이 마지막 이야기는 문법이라기보다는 표현과 관련된 것이니 너무들 긴장하지 마시고, 그냥 릴랙스~하시면서 편안하게 읽으시면 된다. 영어에는 태생이 형용사이면서 또 동시에 명사인 단어들이 존재하는데, 쉬운 예로, 독자님께서 영어를 배우기 시작하신 후 제일 먼저 배우신 'I am a Korean.'이라는 문장에서 Korean은 '한국인'이라는 뜻의 명사로 쓰이고 있지만, 사실 이 단어는 '한국의', 혹은 '한국에서 온'이라는 의미를 가진 형용사도 된다. 그래서 이 단어를 형용사로 쓰면, 관사 없이 'I'm Korean.' 물론 똑같은 말이다. 문법적으로는 둘 다 아무런 하자가 없지만, 네이티브 스피커들은 이 경우 후자를 택하는 경우가 압도적으로 많다. 같은 의미를 전달하는 두 문장이 있을 때, 언어 사용자가 한 단어라도 적은 짧은 문장을 선택하게 되는 이 현상이 언어의 경제성 때문이라고 앞서 아선생이 여러 번 언급한 바 있다. 이러한 현상이 압도적이다 보니, 명사도 되고 형용사도 되는 'bilingual' (형용사:두 언어를 말하는; 명사:두 언어를 말하는 사람)이라는 단어의 경우, 'He's a bilingual.'이라고 하면 어색하게 들릴 정도다. 이렇게 형용사도 되고 명사도 되는 단어들을 몇 가지만 더 보면:

- monolingual (명사: 1개 국어 사용자, 형용사: 1개 국어를 할 줄 아는)
- bilingual (명사: 2개 국어 사용자, 형용사: 2개 국어를 할 줄 아는)
- trilingual (명사: 3개 국어 사용자, 형용사: 3개 국어를 할 줄 아는)
- Filipino (명사: 필리핀 사람, 형용사: 필리핀에서 온)
- Thai (명사: 타이 사람, 형용사: 타이에서 온)
- gay (명사: 동성애자, 형용사: 동성애를 하는)
- straight (명사: 이성애자, 형용사: 이성애를 하는)
- single (명사: 독신, 형용사: 독신자인, 독신자의)

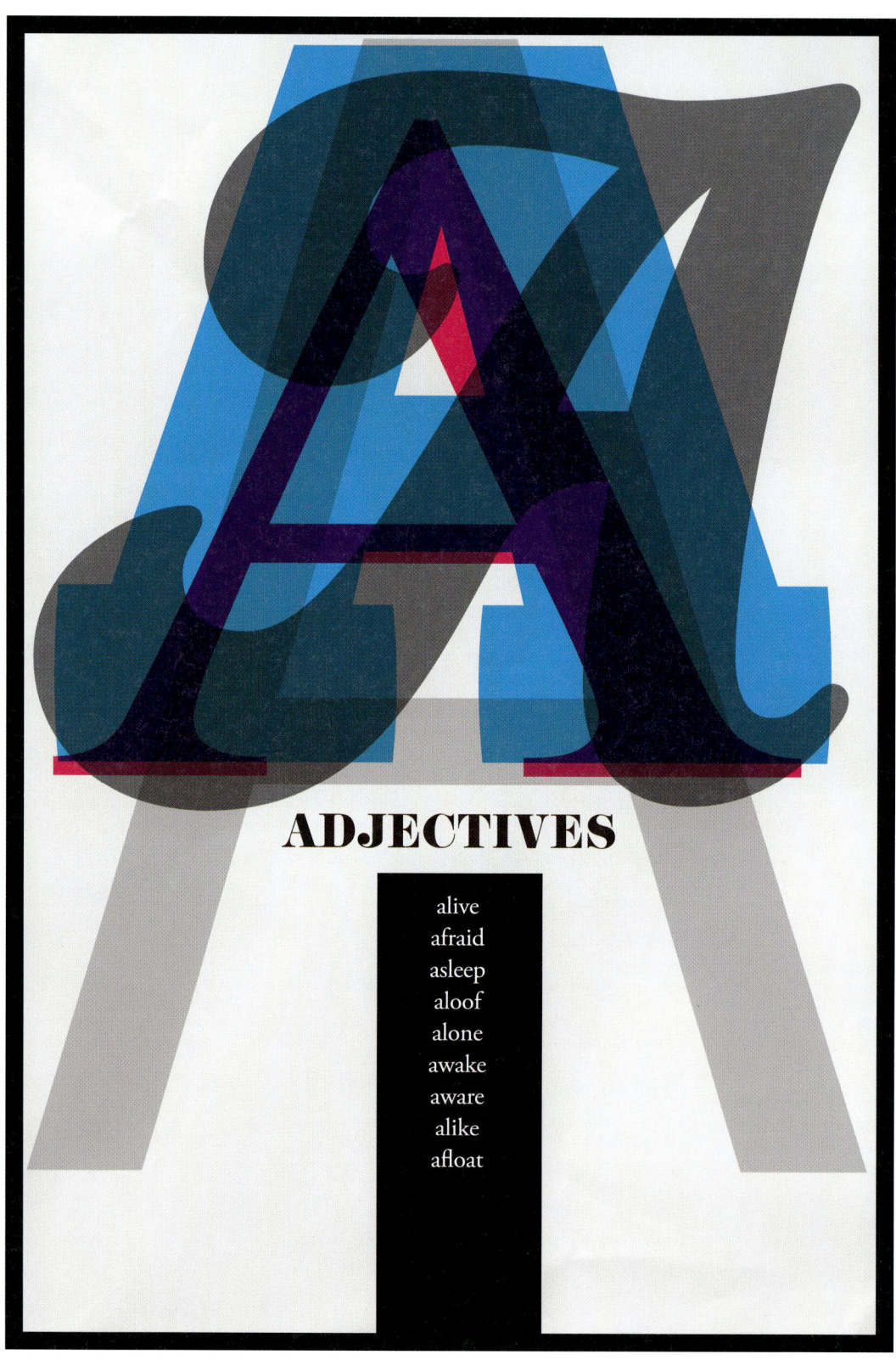

이런 류의 단어들이 모두 주격 보어 자리에 올 때는 관사와 함께 명사로 쓰기보다는 관사 없이 형용사로 쓰는 것이 더 자연스럽게 들린다는 말이다. 그것은 문법적인 문제가 아니라, 이때 형용사를 사용하는 것이 네이티브 스피커들 사이에서 대세이기 때문이다.

Jennifer	Is he American?
Barbara	No, I understand he's Korean.
Jennifer	Then, how does he speak such good English?
Barbara	He might be bilingual. 'Cause his mother is American.
Jennifer	A handsome and muscular bilingual... Is he single?
Barbara	Yes, he is! But don't get too excited. He's gay.
Jennifer	How come all the cute guys around me are gay? I wish he were straight.
Barbara	Girl, you can't change his sexual identity.

Jennifer	그 사람 미국 출신이야?
Barbara	아니, 내가 알기로는 한국 출신이야.
Jennifer	그런데 영어를 어떻게 그렇게 잘해?
Barbara	그 사람이 아마 2개 국어를 할 거야. 왜냐면 그의 어머니가 미국 출신이시거든.
Jennifer	잘생긴 근육질의 2개 국어 사용자라... 그 사람 싱글이야?
Barbara	응, 맞아. 하지만 너무 좋아하지는 마. 그 사람 게이거든.
Jennifer	어떻게 내 주변의 귀여운 남자들은 하나같이 다 게이야? 그 사람이 이성애자면 좋겠다.
Barbara	아가씨, 그 사람의 성 정체성을 바꿀 수는 없는 거예요.

아선생의
영어 공부에 도움이 되는
외국어습득이론 5:
우리는 뭐든 배우는 순서대로 습득할까?

(쉬어가는 페이지 4에서 계속)

지금까지 배움과 습득의 상호작용을 살펴봤는데, 그렇다면 우리는 무엇이든지 배우는 순서대로 습득할까? 그러니까 영문법을 공부할 때, 관사의 쓰임새를 배우고 난 후에 동사의 미래시제를 배웠다고 가정한다면, 관사의 쓰임새부터 습득한 후에 동사의 미래시제를 습득하게 될까? Krashen의 또 다른 이론에 따르면, 그 대답은 No다! 생각해 보라. 만일 우리가 뭐든 배우는 순서대로 습득한다는 게 사실이라면, 애당초 배움 시스템과 습득 시스템을 분류하지조차 않았을 것이 아닌가!

Krashen은 그의 또 다른 이론을 통해서, 우리가 영문법 사항들을 배울 때 그것들을 배우는 순서와 상관없이 습득하게 되는 순서가 이미 어느 정도 정해져 있다고 주장했다. 그의 말을 한마디로 요약하자면, **외국어 학습자들이 그들의 모국어나 나이와 상관없이 문법 사항을 습득함에 있어 비슷한 수순을 밟게 된다는 말!** 그런데 Krashen을 비롯한 많은 학자들의 연구에 따르면 **이 습득의 순서가 그것들을 배우는 순서와는 전혀 상관이 없더라**고 한다. 이 주장을 뒷받침하는 연구 결과들이 1970년대 이후 수없이 쏟아져 나왔는데, 그 대표적인 사례가 Dulay라는 사람과 Burt라는 사람이 사이좋게 함께 연구했다는 'Morphem order studies' (형태소 순서 연구)▶다. 참고로, 여기서 말하는 영어 형태소란 복수형 명사 뒤에 붙는 '-s/es'라던가, 현재분사형에서 동사 뒤에 붙는 '-ing'라던가, 규칙적인 동사의 과거형에 갖다 붙이는 '-ed' 등과 같이 문법적인 기능을 가진 영어의 형태소(grammatical morphemes)를 말한다. Dulay와 Burt는 이렇게 문법적인 기능을 가진 영어 형태소의 습득 순서를 스페인어를 모국어로 하는 아이들과 중국어를 모국어로 하는 아이들을 대상으로 연구했는데 그들의 모국어와 관계없이 이들 영어 형태소를 습득하는 순서가 아주 비슷하더라는 흥미로운 사실을 발견하게 된다. 그러니까 스페인 애들이나 중국 애들이나 비슷한 순서로 영어 형태소를 습득하더라는 말이다. 이후 Krashen이 성인 영어 학습자들을 대상으로 같은 방식의 연구를 했는데 놀랍게도 이들의 영어 형태소 습득의 순서 또한 Dulay & Burt의 연구 결과와 아주 비슷하더라는 것이다. 다른 학자들의 같은 연구에서도 그 순서가 정확하게 일치하지는 않더라도 대체로 비슷하게 나왔다고 하니, 이거 참 놀랠 노자가 아닌가!

어쨌거나 저쨌거나, 이들 연구 결과물들이 다 그 나물에 그 밥이라고 하니, 그중에서 딱 하나만 슬쩍 엿보자. 다음은 1974년에 Krashen이 Bailey, Madden과 함께했다는 습득 순서에 관한 연구의 결과이다.

영어 형태소 습득 순서

▶ 맨 처음에, 현재 진행형 (-ing)
▶ 그다음에는 명사의 복수형 (-s/es)
▶ 그다음에는 관사 (a/an/the)
▶ 그다음은 3인칭 단수 현재형 (-s/es)
▶ 다음은 소유격 (-'s)
▶ 그리고 계속...

▶ 학계에서는 주로 'morphem studies'(형태소 연구)라고 불리지만, 학습자의 영어 형태소 습득 순서를 연구한 것이므로, 독자님의 명확한 이해를 돕기 위해서 순서를 뜻하는 단어인 'order'를 굳이 생략하지 않겠다.

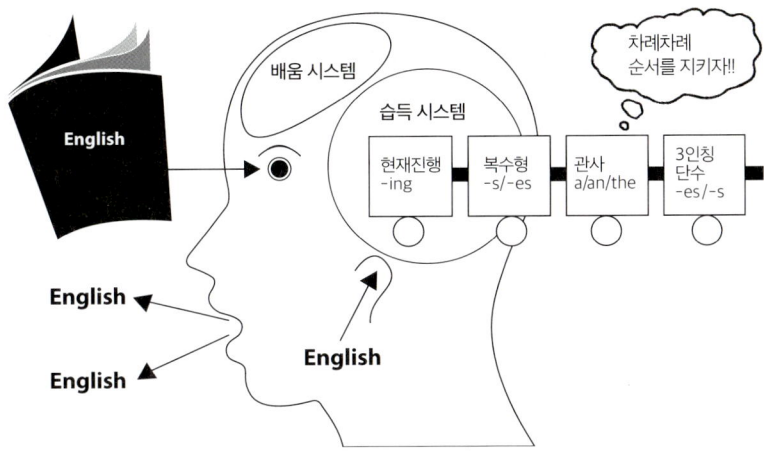

다시금 강조하지만 같은 주제의 다른 연구들도 100% 정확하게 일치하지는 않더라도 대체로 이와 비슷한 결과를 보였다고 한다. 즉, 아이나 어른이나, 한국 사람이나 인도 사람이나, 배트맨이나 슈퍼맨이나, 친절한 금자씨나 막돼먹은 영애씨나, **영어를 배우는 사람이라면 누구나 그것을 배우는 순서와 상관없이 비슷한 순서로 영문법을 습득한 게 된다.** 그리고 이는 당시 철저하게 '배움'을 중심으로 했던 행동주의(behaviorism) 언어교육방식에 기초한 영어교육계에 패러다임의 전환을 가져다준 혁명적인 연구였다. 유레카! 그래서 뭘 어쩌라고? 어쩌긴 뭘 어째? 영어 공부할 때 이를 활용해야지!!!

이들의 주장대로 영어 문법 사항들이 어떤 순서대로 습득이 되는지 대체적인 예측이 가능하다면, 영어를 가르치는 사람이라면 문법 수업의 커리큘럼을 짤 때 그것들을 가르치는 순서까지도 꼼꼼하게 체크해야 할 문제이다. 습득이 비교적 늦게 되는 사항부터 제일 먼저 가르쳐 놓고 학습자가 자꾸만 문법이 틀린다고 닦달하면서 초반부터 진을 빼 버리면 효율 제로(zero)인 수업이 될 수 있다. 물론, 학습자의 입장에서는 습득이 잘 안 되는 문법 사항들을 무조건 억지로 외우려고 하지 말아야 한다. **언어 시스템이 아직 해당 문법 사항을 습득할 준비가 되어 있지 않았을 때는 그런 식으로 공식을 외워 봤자 소용없기 때문이다.** 이는 또한 해당 문법 사항 이전에 습득되어야 할 다른 문법 사항이 몇 가지 더 있다는 뜻이기도 하다. 그러니까, 현재 습득이 힘든 문법 사항에만 지나치게 매달리지 말고, 인내심을 가지고 꾸준히 다양한 예문들을 접하면서 현재 학습자의 언어 시스템이 습득할 준비가 된 문법의 사용과 습득에 먼저 집중하는 것이 훨씬 효율적인 학습법이다.

이렇게 독자님의 언어 시스템이 준비된 문법 사항부터 집중 공략하면서 차분하게 그리고 꾸준히 다양한 영어문장들을 접하다 보면, 우선 습득이 먼저 되어야 할 것들부터 된 후에 고급 문법 사항들까지도 자연스럽게 그 순서가 되면 찾아올 것이니, 문법 습득에 관한 한, 인내심을 가지고 학습하실 것을 당부드리고 싶다. 영어를 공부함에 있어 인내심은 아무리 강조해도 지나치지 않습니다.

Epilogue 에필로그

이제는 문법 공부할 때 Mindset을 한번 바꿔 보자!

요즘 한국에서는 경쟁에서 살아남기 위해서 영어 공부는 필수라고 한다. 그러나 영어 공부하는 것을 업으로 삼고 있는 필자는 이 말에 감히 반기를 들려 한다. 필자는 이 '경쟁'이라는 화두를 철저하게 따르면서 사는 이들을 몇 알고 있는데, 그들은 지금, 이 순간에도 세상의 모든 사람들을 경쟁 상대로 삼으며 치열하게 살아가고 있다. 사회적인 기준에서 보자면 이미 많은 것을 이뤄낸 그들은, 그러나 주변의 모든 사람과 자신을 끊임없이 비교하면서 무엇이든 자신보다 더 많이 가진 사람을 보면 불행해 한다. 다른 사람의 행복이 곧 자신의 불행인 그런 사람과, 사람들은 기쁨을 나누려 하지 않는다. 행복의 관점에서 보자면 전혀 성공한 인생이라고 볼 수 없는 삶이다.

현재 미국인들에게 영어교사자격증 과정을 가르치고 있는 필자는, 단언컨대 누구를 이겨 먹으려고, 혹은 시험 점수를 잘 받으려고 영어 공부를 해 본 기억이 없다. 사람을 좋아하고 새로운 친구를 사귀는 것을 유난히 좋아하는 필자는, 이 세상의 많은 다양한 사람들과 소통하고 싶었고, 그 소통의 도구로 영어를 쓰면서 조금씩 익히고 배우게 된 것이 현재 영어 실력의 토대가 되었다. 그 과정은 누군가와 경쟁하기 위해 영어를 배우는 것처럼 긴장되지도, 또 시험을 잘 치르기 위해 영어를 공부할 때처럼 지루하지도 않았다. 지금 생각해 보면 그저 즐겁고 유쾌한 추억들뿐이다. 그러면서 깨달은 것은, **언어 공부는 사람들과의 소통을 목표로 할 때, 비로소 즐길 수 있게 된다는 사실이다. 그리고 그것은 비단 문법 공부도 예외가 아니었다.** 말만 통하면 되지 골치 아픈 문법 공부는 왜 해야 하는지를 따져 묻던 학생들도 이러한 언어교육철학을 바탕으로 하는 필자의 문법 수업을 들을 때는 흥미를 가지고 다양한 문법 사용 Activity에 임했던 사실이 그를 증명해 주었다. 필자는 영문법을 공부하는 방법에 관한 이야기를 하기 위해서 이 책을 썼지만, 독자님께서 부디 문법 공부를 할 때의 이러한 Mind-set도 함께 가져가셨으면 한다.

2018년 여름, 플로리다에서
김아영

참고문헌

References

Brown, H. D. (2000). Principles of Language Learning and Teaching. New York: Longman.

Ellis, R. (1994). The Study of Second Language Acquisition. Oxford: Oxford University Press.

Gass, S. M., & Selinker, L. (2001). Second Language Acquisition: An Introductory Course. NJ: Lawrence Erlbaum Associates.

Kim, A. (2007). CIES Grammar book 4B. Tallahassee, FL: Florida State University.

Leech, G. & Svartvik, J. (1994). A Communicative Grammar of English (2nd ed.). New York: Longman.

Lightbown, P. A., & Spada, N. (1999). How Languages are Learned. Oxford: Oxford University Press.

Rideout. P. M. (2000). The Newbury House Dictionary of American English. Boston: Heinle & Heinle.

Swan, M. (2005). Practical English Usage. USA: Oxford University Press.